NOVAS RECEITAS DO
ANONYMUS
GOURMET

Livros do mesmo autor na Coleção **L&PM** Pocket

100 receitas de aves e ovos
200 receitas inéditas do Anonymus Gourmet
Anonymus Gourmet em Histórias de cama & mesa
Comer bem sem culpa (c/Fernando Lucchese e Iotti)
Cozinha sem segredos
Dieta mediterrânea (c/Fernando Lucchese)
Mais receitas do Anonymus Gourmet
Na mesa ninguém envelhece
Novas receitas do Anonymus Gourmet
Receitas da Família
Voltaremos!

José Antonio Pinheiro Machado

novas receitas do
ANONYMUS GOURMET

www.lpm.com.br
L&PM POCKET

Coleção **L&PM** Pocket, vol. 250

1ª edição: outubro 2001
21ª edição: maio de 2008

Capa: Ivan Pinheiro Machado
Foto da capa e quarta capa: Ivan Pinheiro Machado
Editoração: Jó Saldanha
Revisão: Ciça kramer, Renato Deitos e Jó Saldanha

ISBN 978-85-254-1145-7

P654n   Pinheiro Machado, José Antonio.
             Novas receitas do Anonymus Gourmet / José
          Antonio Pinheiro Machado. -- 21 ed. -- Porto
          Alegre: L&PM, 2008.
             192 p.; 18 cm. -- (Coleção L&PM Pocket)

             1. Arte culinária-Receitas. I. Título. II. Série.

          CDU 641.55(083.12)

Catalogação elaborada por Izabel A. Merlo, CRB 10/329.

© José Antonio Pinheiro Machado, 2001

Todos os direitos desta edição reservados a L&PM Editores
Rua Comendador Coruja 314, loja 9 – Floresta – 90.220-180
Porto Alegre – RS – Brasil
Fone: 51.3225.5777 – Fax: 51.3221-5380

PEDIDOS & DEPTO. COMERCIAL: vendas@lpm.com.br
FALE CONOSCO: info@lpm.com.br
www.lpm.com.br

Impresso no Brasil
Outono de 2008

Sumário

Apresentação / 7
Massas / 9
Carnes / 24
Aves / 51
Diversos / 68
Arroz / 89
Peixes / 105
Caldos e sopas / 112
Pães e cucas / 120
Sobremesas / 132
Índice de receitas / 184

Este livro reúne receitas apresentadas na RBS-TV, na TVCom e na rádio 102 FM, de Porto Alegre. Em grande maioria, são receitas inéditas, mas alguns "clássicos", que apareceram no livro anterior (*233 Receitas do Anonymus Gourmet*), voltam às páginas, agora em edição de bolso.

Desde que criei o Anonymus Gourmet, em 1981, na revista *Oitenta*, surgindo depois como personagem no livro *O brasileiro que ganhou o Prêmio Nobel – Uma aventura de Anonymus Gourmet*, foi um longo e belo caminho, com outros livros (*Enciclopédia das mulheres, Copos de cristal, Receitas e comentários,* entre outros) e novas aventuras que apareceram na *Gazeta Mercantil*, *Playboy*, *Zero Hora*, *Amanhã* e muitas outras publicações.

Nesta edição, que comemora os vinte anos do Anonymus, é indispensável fazer agradecimentos, a começar pelos companheiros da RBS-TV, da TV Com e da 102 FM. Entre tantos colegas a quem agradeço a simpatia e a ajuda generosa, não posso deixar de ter uma palavra especial para Raul Costa Jr., Ciça Kramer e Gilberto Trindade.

Não faltaram outras ajudas, entre elas a força do Lima, do Ivan, da Lúcia, da Jó e de todo o time da L&PM, e também da Márcia, da Dona Circe, da Tissiana e da Patrícia.

É o resultado do trabalho e do apoio de muitas pessoas. Mas, por certo, não haveria este livro sem a Linda.

José Antonio Pinheiro Machado

Frigideira de raviólis
(8 pessoas)

100g de bacon picado
500g de carne bovina cortada em cubos
500g de massa tipo ravióli
farinha de trigo (cerca de 3 colheres)
1 cebola picada
2 dentes de alho esmagados
1 tomate picado
1 lata de tomates pelados
1 copo de suco de laranja
½ garrafa de vinho tinto
sal e pimenta-do-reino a gosto
manjericão
1 xícara de queijo parmesão ralado na hora
3 colheres de azeite de oliva

Escolha uma frigideira ampla, com cabo de metal, que possa ir ao forno, que é o procedimento final desta receita. Comece levando a frigideira ao fogo com duas colheres de azeite de oliva.

Quando estiver quente, agregue o bacon e deixe derreter um pouco. Acrescente os cubos de carne levemente enfarinhados. Vire e mexa bem, para dourá-los. Então, junte a cebola, o alho e o tomate. Misture. A seguir, adicione os tomates pelados, o suco de laranja e um pouco de vinho. Acerte o sal, coloque pimenta. O molho precisa estar bem líquido. Quando abrir a fervura, baixe o fogo e deixe cozinhar um pouco. Em seguida, acrescente os raviólis. Se forem frescos, ficam prontos muito rapidamente. Se forem industrializados, observe o tempo indicado na embalagem. Minutos antes de os raviólis ficarem completamente prontos, polvilhe a superfície com o queijo parmesão e leve a frigideira ao forno pelo tempo necessário para gratinar.

A idéia é que vá direto do forno para a mesa, sem escalas. Deve ser servido muito quente. Sirva na própria frigideira, decorando com folhas de manjericão.

Fios de carne com espaguete

(8 pessoas)

½ kg de espaguete
1 kg de lagarto (tatu)
½ litro de cerveja preta
½ xícara de molho de soja
3 copos de suco de laranja
suco de 1 limão
1 cebola média picada
1 dente de alho picado bem fininho
2 tomates bem picados
1 lata de tomates pelados
2 colheres de massa de tomate
2 colheres de farinha de trigo
sal e pimenta-do-reino a gosto
2 colheres de manteiga
3 colheres de azeite de oliva

Primeira providência é temperar bem um bom pedaço de lagarto (ou "tatu", como se diz no Rio Grande) com limão, pimenta e sal. A seguir, passe essa carne na farinha, como se fosse empaná-la. Numa panela ampla, bem quente, derreta um pouco de manteiga com um fio de azeite de oliva, e dê uma boa fritada no tatu já enfarinhado, deixando-o dourado por igual. Acrescente a cebola e o alho, até amaciá-los. A seguir, vá agregando os demais ingredientes: a cerveja preta, o molho de soja, a lata de tomates pelados, os tomates picados, a massa de tomates e o suco de laranja. Deixe ferver e depois baixe o fogo para cozinhar por bem mais de uma hora: o tempo suficiente para amolecer e "desmanchar" o tatu, que é muito fibroso e vai se desfazer em fios de carne. Se você quiser, pode cozinhá-lo numa panela de pressão para apressar o processo. Mas numa panela de ferro bem fechada, com calma, também vai.

Quando estiver bem macio, retire-o da panela e, com um garfo, você pode "ajudar" na separação dos fios, que são as fibras da carne. A carne precisa ficar completamente desfiada, bem separadas as fibras. Se o molho reduzir muito, acrescente um pouquinho de água, pois é essencial ter bastante molho para a etapa final. Coloque a carne já desfiada na panela, acerte o sal, e acrescente o espaguete para cozinhar no molho. Os fios de espaguete vão se misturar com os fios de carne, num belo efeito, e o espaguete cozido no molho ficará muito mais saboroso.

Fettuccine light com molho de ameixas
(4 pessoas)

500g de fettuccine
1 tomate picado
250g de ameixas pretas sem caroço
1 cebola picada
1 colher de sopa de farinha de trigo
½ copo de leite desnatado
1 colher de sopa de farinha de trigo
2 colheres de sopa de azeite de oliva

O molho é simples e rápido. Refogue o tomate, a cebola, as ameixas e a cebola numa frigideira com azeite de oliva. Depois bata no liqüidificador com a farinha e o leite. A seguir, volte para a frigideira, cozinhando durante alguns minutos e temperando com sal e pimenta. Cozinhe a massa, espalhe o molho por cima e sirva.

Macarrão rápido com tomate e manjericão

Tagliatelle al pomodoro e basilico

(4 pessoas)

500g de massa tagliatelle ou espaguete
2 colheres de sopa de azeite
1 lata de tomates pelados com seu suco
sal e pimenta-do-reino moída na hora a gosto
folhas de manjericão
1 xícara de queijo parmesão ralado na hora (opcional)

Neste molho, há o obrigatório e o proibido. Obrigatório o uso de manjericão fresco. Proibido lavar as folhas de manjericão, pois elas perdem muito de seu perfume. Apenas limpe-as delicadamente com um guardanapo de cozinha ligeiramente úmido. O manjericão, com o seu perfume e sabor inconfundíveis, substitui nesta receita o alho e a cebola, que não devem ser usados para não dispersar o aroma e o sabor do prato. A execução da receita é muito rápida.

Aqueça o azeite e coloque os tomates com seu suco; com um garfo, esmague-os bem na panela. Cozinhe rapidamente, de 5 a 10 minutos (não mais), para conservar o frescor e a tonalidade do vermelho. Junte o sal e a pimenta-do-reino a gosto e todas as folhas de manjericão. Mexa bem.

Cozinhe a massa em água fervente e já salgada, cuidando para não ultrapassar o tempo de cozimento. Escorra a massa, acrescente o molho, mexa e sirva.

Este molho costuma ser servido sem queijo, mas, se você preferir, acrescente o parmesão ralado à massa, e mexa bem antes de acrescentar o molho.

Espaguete com molho de tomate

Spaghetti al pomodoro
(4 pessoas)

500g de tagliatelle ou espaguete
2 colheres de azeite
1 cebola média picada
2 dentes de alho picados
1 lata de tomates pelados com seu suco
1 colher de chá de açúcar
sal e pimenta-do-reino moída na hora
1 xícara de queijo parmesão ralado na hora

Aqueça o azeite e frite rapidamente, sem deixar que escureçam, a cebola e o alho. Acrescente os tomates com seu suco, sal e pimenta-do-reino a gosto, e cozinhe em fogo alto, sem tampa, por mais ou menos 20 minutos, mexendo de vez em quando. Quando o molho estiver reduzido e espesso, verifique o tempero. A receita tradicional recomenda passar "pelo disco médio de um moedor caseiro". Nos dias que correm, é admissível passar o molho no liqüidificador ou no multiprocessador. Usando massa de pacote, observe o tempo de cozimento sugerido na embalagem. Escorra a massa e acrescente metade do queijo parmesão ralado na hora, mexendo bastante, aconselha Sílvio Lancellotti. É essencial adicionar o parmesão antes. Em seguida, acrescente o molho. Mexa bem, junte o resto do queijo e sirva.

Cappelletti com peru
(4 pessoas)

500g de carne de peru
1 xícara de caldo de galinha
1 tomate picado
1 cebola picada
3 colheres de massa de tomate
2 copos de vinho tinto
500g de cappelletti
50g de queijo parmesão ralado
2 dentes de alho picados

Em uma frigideira grande, frite a carne de peru cortada em cubos, até dourar. Depois, junte o alho, a cebola, o tomate em pedaços e a massa de tomate e deixe dar uma refogada nestes ingredientes. Em seguida, acrescente o vinho tinto e o caldo de galinha. Quando o molho estiver encorpado, agregue os cappelletti. Deixe cozinhar o tempo indicado na embalagem. Na hora de servir, polvilhe com o queijo parmesão.

Cappelletti ao forno
(8 pessoas)

½kg de cappelletti

Para a camada de carne:
1kg de carne moída de primeira
100g de bacon
2 cebolas médias picadas
3 tomates picados
2 colheres de extrato de tomate
sal e pimenta a gosto

Para as outras camadas:
300g de queijo

300g de presunto
500g de requeijão
queijo parmesão ralado

Cozinhe o cappelletti em água e sal e reserve.

Prepare a carne, fazendo um molho suculento: refogue a carne moída, misturando-a com o bacon, tempere com sal (cuidado que o bacon é salgado!) e pimenta, acrescente as cebolas, os tomates e o extrato de tomate. Mexa bem e deixe cozinhar alguns minutos.

Quando a carne com molho estiver pronta, faça a montagem das camadas num prato refratário: 1) cappelletti; 2) carne com molho; 3) fatias de presunto; 4) requeijão; 5) fatias de queijo prato. Por cima de tudo, polvilhe com queijo parmesão. Dependendo do tamanho do prato refratário, você poderá repetir uma ou mais camadas, mas sempre termine com o queijo. Leve ao forno por aproximadamente 30 minutos. Sirva bem quente, acompanhado de uma salada.

Cabelo de anjo com bacalhau

(6 pessoas)

½kg de massa tipo "cabelo de anjo"
500g de bacalhau desfiado
12 azeitonas pretas sem caroço
12 azeitonas verdes sem caroço
50g de alcaparras
2 dentes de alho
2 cebolas picadas
2 tomates picados
pimenta-do-reino a gosto
2 copos de vinho branco seco
½ xícara de salsa e cebolinha picadas misturadas com folhas de manjericão

Frite o alho no azeite de oliva e acrescente o bacalhau (deve ficar na água de véspera, trocando sempre a água, para tirar o sal). Refogue o bacalhau, acrescentando as cebolas. A seguir, agregue os tomates, as alcaparras e as azeitonas. Depois, junte o vinho. Deixe cozinhar uns minutos e tempere com a pimenta.

Cozinhe a massa em água e sal e com duas colheres de azeite de oliva. Escorra-a, misture com o molho de bacalhau e polvilhe com a mistura da salsa, cebolinha e manjericão.

Espaguete com ervas
(4 pessoas)

½kg de espaguete
1 colher de açafrão em pó
2 colheres de sopa de cada um dos seguintes temperos: orégano, tomilho, alecrim, estragão, sálvia, manjericão, manjerona, louro
1 cebola bem picada previamente escaldada
2 dentes de alho bem picados
1 punhado de tomates secos bem picados
2 pimentas vermelhas bem picadas
1 xícara de azeite de oliva
sal

Cozinhe o espaguete com água, óleo e açafrão para dar cor. Depois de pronto, coloque em uma panela com tampa, previamente escaldada, misturando bem com as ervas e os demais ingredientes. Ferva o azeite de oliva e despeje sobre o espaguete com os demais ingredientes, misturando bem e tapando em seguida para acentuar os sabores por alguns minutos minutos.

Talharim al pesto
(4 pessoas)

½kg de talharim fino

Para o pesto:
1 xícara de folhas de manjericão fresco picadas
1 xícara de salsa picadinha
1 xícara de azeite
1 colher de sopa de orégano
1 xícara de nozes moídas
4 dentes de alho bem amassados
1 xícara de queijo parmesão ralado

Na receita original italiana, em vez de nozes, usa-se *pinoli* torrados e moídos.
Misture bem os ingredientes indicados

para o pesto num pilão de madeira, triturando as nozes. Pode-se utilizar o multiprocessador. Quando obtiver uma pasta, deixe descansar por uns 30 minutos para pegar gosto. Cozinhe o talharim *al dente* numa panela com água abundante, sal e um fio de azeite. Quando estiver pronto, escorra e misture-o com o pesto, servindo imediatamente.

Salada de macarrão light
(4 pessoas)

500g de macarrão (parafuso)
300g de vagem
3 tomates grandes cortados em filetes
2 cebolas em fatias (ficando em argolas)
1 lata de atum em água e sal
1 copo de alcaparras
1 xícara de maionese light
1 xícara de iogurte natural desnatado
azeite de oliva
vinagre
sal e pimenta a gosto

Ferva a vagem e o macarrão separadamente. Escalde as cebolas. Escorra o atum e as alcaparras. Misture bem a maionese, o iogurte, o vinagre e o azeite de oliva, formando um creme homogêneo. Tempere com sal (cuidado que as alcaparras são salgadas) e pimenta. Misture todos os ingredientes numa saladeira. Sirva gelada.

Costela com molho de laranja
(8 pessoas)

2kg de costela magra com bastante carne
2 cebolas em pedaços
2 tomates em pedaços
2 cenouras em pedaços
½ garrafa de vinho branco
1 litro de suco de laranja

farinha de trigo
sal e pimenta-do-reino a gosto

Tempere a costela com sal e pimenta, depois passe a farinha de trigo, espalhando bem por todos os lados. Coloque óleo numa panela quente e frite-a, cortada nos "módulos" dos ossos. Enquanto isso, bata no liqüidificador as cebolas, as cenouras e os tomates com o suco de laranja e o vinho branco. Depois leve-os à panela onde estão refogando os pedaços de costela. Misture bem. Quando abrir a fervura, baixe o fogo e deixe cozinhar por umas duas horas, até a costela ficar macia e o molho ficar bem homogêneo. Opcionalmente, acrescente no final aipim já pré-cozido. Sirva com arroz branco.

Matambre do avesso em filme plástico
(4 porções)

600g de matambre
3 dentes de alho picados

50g de bacon picado
2 cebolas médias
2 lingüicinhas finas
1 cenoura cortada em quatro filetes longi-
tudinais
50g de tomates secos
sal e pimenta a gosto
1 rolo de filme plástico
barbante

    Corte as aparas do matambre, deixan-do-o em forma retangular. Vire a parte com gordura para baixo, de forma que fique para fora quando você o enrolar. Tempere com sal e pimenta. A seguir, espalhe na parte de cima (a que vai ficar para dentro, depois de enrolada) o bacon, a cebola e o alho. Comece a enrolar colocando no meio as duas lingüicinhas, a cenoura e os tomates secos. Amarre as pontas e o meio com barbante, bem firme. Depois, enrole o matambre em filme plástico. São dez voltas de filme, que também deve ser firmemente amarrado nas pontas. Leve ao forno em uma assadeira por 2 horas. Não se preocupe que o fil|me plástico não vai derreter. Retire do forno, corte o plástico, permitindo que escorra toda a gordura, e sirva! Deverá ficar macio e muito saboroso. O filme plástico, por não derreter, ajuda a amaciar o matambre, impedindo que os aromas e sabores se percam.

Medalhões Biarritz
(6 pessoas)

6 bifes de filé ou alcatra
6 fatias de presunto
6 torradas com manteiga
1 lata média de aspargos em conserva
1 vidro de cogumelos em conserva
2 tomates grandes, cortados em cubos
ervilhas
manteiga
azeite de oliva
sal a gosto

Doure os bifes numa frigideira bem quente com azeite de oliva. Depois, reserve-os no quente. Enquanto isso, na frigideira, com a gordura e o molho do bife que sobrar na frigideira, acrescente uma colher de manteiga e refogue rapidamente as ervilhas, os cogumelos e os tomates cortados.

Coloque numa travessa as torradas, dispondo um bife sobre cada uma. Em volta dos bifes, organize os aspargos enrolados em fatias de presunto. Por cima de tudo, espalhe o refogado de ervilhas, cogumelos e tomates, bem quente.

Picadinho Maria Luiza
(6 pessoas)

100g de bacon
500g de carne bovina (patinho, por exemplo) picada em pedaços não muito pequenos
1 lata de ervilhas em conserva
1 ovo
1 cebola picada
1 dente de alho picado bem fininho
1 tomate bem vermelho picado
1 lata de tomate pelado com seu suco

azeite de oliva
Para a farofa:
1 ovo
um pouco de bacon picado
2 xícaras de farinha de mandioca

Numa frigideira ou panela bem quente, derrame uma colher de azeite de oliva. Dê uma boa refogada no bacon. Quando estiver crocante, coloque a carne picada, mexendo bastante e dando uma boa corada. Acrescente a cebola e o dente de alho e misture bem. A seguir, o tomate picado e o tomate pelado com o suco. Misture bem, deixe bem homogêneo e acrescente a lata de ervilhas. Por fim, junte o ovo, misturando bem. Deixe cozinhar e está pronto. Um pouco de pimenta-do-reino moída na hora, e muito cuidado com o sal porque o bacon já é bem salgado.

Para fazer a farofa, coloque numa frigideira quente um pouco de azeite de oliva e o bacon picado, até ele soltar um pouco de gordura e ficar crocante. Acrescente a farinha e mexa bem com uma colher de pau. Deixe em fogo médio e acrescente o ovo, mexendo bastante para misturar com a farinha. Cozinhe um pouco, mexendo sempre, até que a farofa fique tostadinha. Sirva numa travessa o picadinho e a farofa com arroz branco e batata palha.

Bifes à romana
(6 pessoas)

1kg de bifes
100g de presunto cru (tipo parma)
50g de manteiga
sal e pimenta a gosto
100g de farinha de trigo
2 xícaras de vinho branco seco
folhas de manjericão

Coloque folhas de manjericão sobre cada um dos bifes, cubra cada um com uma fatia de presunto cru, prendendo-os com um palito. Passe esses bifes na farinha de trigo. Numa frigideira bem quente, derreta a manteiga e frite-os bem. Tempere com sal e pimenta a gosto. Derrame o vinho aos poucos e deixe no fogo, mexendo sempre e soltando aquelas casquinhas que ficam grudadas no fundo, até que o molho comece a engrossar. Sirva com purê de batatas ou ervilhas na manteiga.

Steak au poivre

Bife com pimenta
(6 pessoas)

1kg de bifes macios
1 xícara de pimenta-do-reino em grãos
2 colheres de sopa de manteiga
2 colheres de sopa de azeite de oliva
2 doses de conhaque
1 xícara de nata

Espalhe os grãos de pimenta sobre uma tábua e triture-os usando um rolo de massa. Unte os bifes com azeite de oliva e coloque-os, um a um, sobre a pimenta triturada, pressionando ligeiramente para que ela possa aderir à carne, recobrindo-a inteiramente. Numa frigideira bem quente coloque metade da manteiga e um pouco de azeite de oliva. Frite os bifes, dourando dos dois lados. Vire-os cuidadosamente com o auxílio de uma espátula larga ou escumadeira. Coloque os *steaks* numa travessa, temperando com sal a gosto. Enquanto isso, rapidamente, para que não esfriem, cuide do molho. Na frigideira utilizada para fritar os *steaks*, que estará ainda com a gordura quente e com a pimenta no fundo, acrescente o restante da manteiga e do azeite e uma dose de conhaque e misture bem, procurando soltar a pimenta e o molho grudados no fundo. Flambe esta mistura inclinando a frigideira cuidadosamente na direção da chama do fogão, até que o conhaque se inflame – ou simplesmente usando um fósforo aceso. Quando a chama do flambado se apagar, acrescente a nata e o restante do conhaque e engrosse o molho no fogo brando, mexendo sempre. Derrame o molho sobre os *steaks* e sirva em seguida.

Contrafilé à parmigiana
(6 pessoas)

1kg de contrafilé cortado em bifes
100g de farinha de trigo
3 ovos batidos
100g de farinha de rosca
12 fatias grossas de mozarela
queijo parmesão ralado

Para o molho de tomates:
1kg de tomates
2 a 3 xícaras de caldo de carne
5 colheres de sopa de massa de tomate
900g de cenouras picadas
1kg de cebolas
1 molho de salsinha
1 colher de sopa de farinha de trigo
100g de sálvia
100g de manjericão
açúcar
sal

Para o caldo de carne:
aparas de carne bovina e ossos

Molho de carne. É fácil de fazer. Ferva, com água, as aparas de carne e ossos por 2 ou 3 horas (ou meia hora na panela de pressão). Quando estiver com uma boa consistência, passe por uma peneira e já pode utilizar. Ou, então, deixe esfriar, separe em potinhos e congele.

Molho de tomates. Frite a cebola, a cenoura e os tomates. Acrescente água fria com a farinha de trigo dissolvida e cozinhe por 15 minutos em fogo forte. Então baixe o fogo e deixe cozinhar por mais 3 horas (ou meia hora na panela de pressão). Adicione mais água, a salsinha, a sálvia e o manjericão, algumas pitadas de açúcar para tirar a acidez e sal a gosto, acrescentando o caldo de carne aos poucos – 2 a 3 xícaras.

Para finalizar o contrafilé à parmigiana, passe os bifes na farinha de trigo, nos ovos batidos e, por fim, na farinha de rosca. Frite-os em banha bem quente. Depois de prontos, coloque-os em uma fôrma, cobrindo-os com as fatias de mozarela, o molho de tomates e, por cima de tudo, queijo parmesão generosamente espalhado. Leve ao forno bem aquecido por alguns minutos para gratinar.

Entrecôte recheado
(6 pessoas)

1kg de *entrecôte* cortado em bifes grossos
150g de presunto fatiado
150g de mozarela fatiada
2 ovos
farinha de rosca
sal a gosto

Faça um corte no meio de cada um dos bifes de *entrecôte*, abrindo uma fenda no sentido horizontal ou longitudinal, mas não até o fim: deixe-os fechados dos lados e atrás, como um envelope, apenas com uma fenda e uma cavidade central. Coloque dentro de cada um dos bifes uma fatia de queijo e uma de presunto, fechando bem com palitos. Depois passe-os na farinha de rosca, nos ovos batidos com sal e novamente na farinha de rosca. A seguir, frite-os no óleo não muito quente. Sirva-os numa travessa com legumes e arroz.

Carne ao vinho recheada com bacon
(6 pessoas)

2kg de carne bovina tipo lagarto (tatu) num só pedaço
½ garrafa de vinho tinto de boa qualidade
2 xícaras de suco de laranja
3 tomates picados
3 cebolas grandes picadas
3 colheres de sopa de farinha de trigo
pimenta-do-reino moída na hora e sal a gosto
200g de bacon em fatias
200g de mozarela fatiada
queijo parmesão ralado
massa caseira

Numa panela de ferro previamente aquecida, frite bem a carne (passada na farinha de trigo), de forma que doure uniformemente. A sugestão é que seja lagarto (ou tatu, como se diz no Rio Grande), mas pode ser outro corte firme. Depois de dourar a carne, acrescente a cebola, fritando-a. Adicione a seguir o tomate, a pimenta-do-reino, sal, o suco de laranja e o vinho. Tampe a panela e deixe cozinhar cerca de duas horas e meia. A carne vai ficar macia e o molho espesso e atraente. Quando ela estiver pronta, retire da panela, reservando o molho. Corte a carne em fendas transversais, sem separar as fatias. Em cada fenda, coloque uma fatia de mozarela e uma de bacon. Arrume numa assadeira, coloque uma colher de molho por cima e leve ao forno até derreter um pouco o queijo e o bacon. Enquanto a carne vai ao forno com o bacon e o queijo, cozinhe em água abundante ½kg de fettuccine ou espaguete, procurando sincronizar as duas operações para que a carne e a massa fiquem prontas simultaneamente. Aqueça o molho que ficou reservado e espalhe uma parte sobre a massa, com queijo parmesão por cima, e com o restante regue a carne. Sirva a carne e a massa em travessas individuais.

Estrogonofe campeiro
(4 pessoas)

½kg de charque cortado em cubos
1 cebola bem picada
2 dentes de alho bem picados
½ garrafa de vinho tinto
1 tomate maduro picado
200g de polpa de tomate
nata
1 colher de sopa de farinha de trigo
pinhão cortado em metades
1 cálice de conhaque
banha de porco
sal e pimenta a gosto

É uma variante do estrogonofe tradicional, em que o charque substitui a carne e o pinhão entra no lugar do *champignon*. O charque deve ser dessalgado com antecedência. Deixe de molho e troque a água várias vezes. O melhor é utilizar charque de traseiro, que é mais macio. Numa boa panela de ferro, refogue o charque até dourar. Acrescente a cebola e o alho, refogando e misturando bem. Depois, o tomate. A seguir, o vinho, a polpa de tomate e a farinha de trigo dissolvida num pouco de água fria. Deixe cozinhar por uns 20 minutos. Então acrescente a nata, mexendo bem, e o pinhão, que deve ser previamente cozido. No final, acerte o sal (cuidado, porque o charque sempre deixa salgado) e adicione um pouquinho de pimenta moída na hora. Os acompanhamentos ideais são arroz branco e, para manter o espírito campeiro, aipim cozido.

Pernil derretido
(6 pessoas)

1 pernil de cordeiro jovem de aproximadamente 1kg
1 litro de caldo de carne (ver receita p. 116)
4 cenouras liqüidificadas com água

2 tomates picados
2 cebolas médias picadas
2 dentes de alho picados
½ garrafa de vinho tinto
500g de massa tipo rigatoni
1 colher de sopa de açúcar
1 pitada de noz-moscada
3 colheres de molho de soja
farinha de trigo
suco de 1 limão
sal e pimenta a gosto
azeite de oliva

Tempere o pernil com limão, sal e pimenta. Passe um pouco de farinha de trigo e açúcar dos dois lados dele. Leve-o ao fogo numa panela ampla já bem quente, com azeite de oliva, fritando dos dois lados, até dourar. Acrescente a cebola, o alho, a cenoura liqüidificada com água e os tomates. Em seguida agregue o caldo de carne, a noz-moscada, o vinho e o molho de soja. Mexa para que fique tudo bem misturado em torno do pernil. Quando abrir a fervura, baixe o fogo e deixe cozinhar por mais de 2 horas. Controle o molho para que fique bem líquido, acrescentando água ou caldo de carne, se necessário. Deve cozinhar até a carne se soltar do osso. Tem que ficar se desmanchando. Retire o pernil da panela para desfiar a carne e retirar o osso. Deixe o molho na panela, reservado. Uma vez desfiada a carne, leve-a ao fogo, já sem o osso, misturando-a com o molho da panela. Faça abrir a fervura, misturando bem a carne com o molho, que deve estar bem líquido, como se disse. Também aqui, nessa etapa final, se o molho reduzir muito, acrescente água ou caldo de carne. Quando ferver, acrescente os rigatoni. Se for massa fresca, cozinha rápido; sendo massa industrializada, observe o tempo indicado na embalagem. Quando estiver quase pronto, acrescente um bom punhado de queijo parmesão ralado. Sirva bem quente.

Pernil com molho de coca-cola (ou pepsi-cola)
(6 pessoas)

1 pernil de cordeiro jovem de aproximadamente 1 a 1½kg
1 xícara de caldo de carne
1 xícara de café passado
1 lata de coca-cola (ou pepsi-cola)
3 colheres de sopa de molho de soja
3 colheres de sopa de azeite de oliva
2 tomates
2 cebolas médias picadas
2 dentes de alho picados
1 colher de sopa de açúcar
farinha de trigo
suco de 1 limão
sal e pimenta-do-reino a gosto

Use uma assadeira de aço inox ou alumínio que possa ir ao fogo direto do fogão. Tempere o pernil com limão, sal e pimenta. Passe um pouco de farinha de trigo e açúcar, dos dois lados. Coloque o pernil na assadeira e leve diretamente ao fogo, com azeite de oliva, fritando de todos os lados, até dourar. Ao pernil que frita na assadeira, acrescente a cebola e o alho. Em seguida, agregue o caldo de carne, o café passado, a coca-cola (ou pepsi-cola) e o molho de soja. Mexa bem para que tudo fique bem misturado, formando um molho homogêneo em torno do pernil na assadeira. A seguir, leve o pernil com o molho, na assadeira, ao forno para assar, com forno forte no início e médio depois. Se quiser, coloque algumas batatas e cebolas inteiras para assar junto. Vigie para que fique bem dourado e ao ponto. Controle o molho para não secar, acrescentando água, ou caldo de carne, se necessário. De vez em quando, regue o pernil com o molho. Uma hora de forno, mais ou menos.

Espinhaço
(6 pessoas)

1 espinhaço (carrê) de cordeiro de 2kg
2 cebolas picadas

3 tomates picados
2 dentes de alho picados bem fininho
suco de 1 limão
1 litro de caldo de carne (ver receita p. 116)
1 xícara de farinha de mandioca
temperinho verde picado
banha de porco
sal e pimenta-do-reino moída na hora a gosto

    É um prato clássico da culinária regional do Rio Grande do Sul, onde se diz espinhaço "de ovelha". E tem que ser ovelha mesmo, ou seja, um cordeiro mais crescido, pois no caso de cordeirinho mamão, as chuletinhas são muito pequenas.

    Comece a preparação cortando o espinhaço de ovelha nas juntas, separando-o em chuletas. Esfregue bem as chuletas com o suco de limão, tempere-as com sal e pimenta. A seguir, doure as chuletas com um pouco de banha de porco, acrescentando a cebola picada e o alho. Coloque na panela os tomates, complete com o caldo de carne, até cobrir as chuletas, misture bem e tampe a panela.

Deixe cozinhar por mais ou menos uma hora, controlando para não secar. Se reduzir muito, acrescente mais caldo de carne ou água. Verifique o sal.

Retire do fogo, separe as chuletas com parte do molho. No restante do molho, misture a farinha de mandioca aos poucos, mexendo sempre, até obter a consistência de um pirão, que pode ser mais líquido ou mais cremoso; para isso, diminua ou aumente a quantidade de farinha. Quando estiver no ponto, espalhe por cima o temperinho verde ou manjericão picado e pimenta moída na hora. Sirva junto com a carne. Acompanha arroz branco e, por incrível que pareça, aipim.

Dois ícones da cozinha regional do Rio Grande do Sul – o fogão a lenha e a panela de ferro – são considerados pelos radicais como equipamentos essenciais para a boa execução deste prato. A importância do fogão a lenha é que o cozimento se faz lentamente numa fonte de calor uniforme e intenso, e não direto na chama. Entretanto num fogão a gás (ou elétrico) bem pilotado pode-se obter resultados satisfatórios.

A panela de ferro, entretanto, é inegociável. Não há como substituí-la por outra, exceto a panela de pedra-sabão, que também é própria. De ferro ou de pedra, a panela com o espinhaço mexidinho pode ir direto para a mesa. Além de compatível com o estilo rústico do prato, preserva o calor e o sabor.

Nas coxilhas do Rio Grande, uma atração para quem come o espinhaço de ovelha mexidinho ou com molho é pegar, no fim, o osso com a mão e discretamente sugar a medula, que fica impregnada de todos os temperos. As opiniões se dividem em relação a esse costume: hábito bárbaro ou prazer inexcedível?

Rins ao molho madeira
(6 pessoas)

6 rins de boi
2 cebolas picadas

3 dentes de alho picados
100g de bacon picado
2 xícaras de caldo de carne (ver receita p. 116)
2 xícaras de vinho tipo madeira
400g de cogumelos cortados ao meio
sal
limão
3 colheres de azeite de oliva

O segredo dos rins é a limpeza. É indispensável retirar todos os canais e gorduras. Perde-se bastante, mas ganha-se o sabor do prato. Depois de bem limpos, lave com vinagre. A seguir, corte-os em cubos e tempere com limão e sal. Passe-os na farinha de trigo e leve-os para fritar numa panela de ferro, bem quente, com azeite de oliva e o bacon picado. Quando estiverem bem dourados, acrescente as cebolas e os dentes de alho, refogando-os bem e misturando com os cubos de rins. Acrescente depois o caldo de carne e o vinho, misturando bem e deixando cozinhar e reduzir um pouco. Cinco minutos antes de servir, acrescente os cogumelos. Sirva com farofa, batata palha e arroz branco.

Porco com molho de lima

½kg de carne de porco cortada em tiras
1 cebola média picada
2 dentes de alho
1 colher de massa de tomate
1 xícara de caldo de carne (ver receita p.116)
1 xícara de caldo de lima
1 xícara de vinho branco
folhas de manjericão
azeite de oliva
sal e pimenta-do-reino a gosto

Nesta receita, você pode usar pedaços de carne suína de partes menos nobres, de menor custo.

Passe os pedaços de carne temperados com sal, pimenta-do-reino e um pouco do caldo de lima na farinha de trigo e leve-os para fritar numa panela com azeite de oliva. Acrescente a cebola e o alho, refogando bem. Agregue a seguir a massa de tomate, o caldo de carne, o restante do caldo de lima e o vinho branco. Na hora de servir, acompanhando arroz ou massa, espalhe folhas de manjericão por cima.

Lombinho de porco com ameixas
(6 pessoas)

2kg de lombo de porco
2 cebolas médias picadas
2 dentes de alho picados
200g de ameixas pretas com a calda
suco de 1 limão
2 tomates picados
½ litro de caldo de carne (ver receita p. 116)
3 colheres de sopa de massa de tomate
½ xícara de molho de soja
manteiga
azeite de oliva
sal e pimenta-do-reino a gosto
conhaque

Primeiro tempere o lombo com o suco de limão, 1 dente de alho picado, sal e pimenta. Em seguida, unte-o generosamente com a calda das ameixas. Coloque um pouco de manteiga e azeite oliva numa assadeira de alumínio ou aço inox e leve-a ao fogo, como se fosse uma panela, dando uma boa fritada no lombinho para que fique dourado de todos os lados. Reserve.

Numa frigideira bem quente, com manteiga e azeite de oliva, refogue as cebolas e o outro dente de alho, acrescentando as ameixas pretas, os tomates, o molho de soja, a massa de tomate e o caldo de carne. Mexa bem e deixe cozinhar um pouco. Derrame esse molho sobre o lombinho, na assadeira, e leve ao forno, forte no início e depois médio, por uma hora aproximadamente. A cada 15 minutos dê uma vigiada, regando o lombinho com o molho. Não deixe secar. Acrescente água à assadeira, se for necessário.

Na hora de servir, arrume o lombinho numa travessa e cubra-o com o molho. Coloque a assadeira sobre o bico do fogão, em fogo forte, para soltar aquelas placas e partículas de molho que ficam grudadas nela, utilizando um pouco d'água e uma colher de pau: dá um belo molho suplementar.

Galinha dos 30 alhos
Galinha da vovó
(6 pessoas)

8 pedaços de galinha (coxas e sobrecoxas)
30 dentes de alho com casca
3 tomates picados
100g de manteiga
1 colher de sopa de massa de tomate
3 xícaras de caldo de galinha
suco de 1 limão
1 xícara de chá de vinagre
azeite de oliva, sal e pimenta-do-reino a gosto
manjericão fresco

Tempere os pedaços de galinha com

limão, sal e pimenta. Leve-os para dourar e cozinhe em uma panela ampla, com um pouco de manteiga e azeite de oliva. Depois, acrescente os dentes de alho com casca, os tomates, a massa de tomate, o manjericão o vinagre e o caldo de galinha. Deixe cozinhar por alguns minutos, o suficiente para amolecer o alho, que deve ficar como um creme no interior da casca. Retire os pedaços de frango da panela e reserve.

Enquanto isso, o molho que ficou na panela deve ser coado para separar as cascas de alho, as folhas de manjericão e os pedaços de tomate. No coador, aperte os dentes de alho, que vão estar macios e cremosos, fazendo com que se solte o seu conteúdo e passe pelo coador. Volte com esse molho, já coado, para a panela e deixe abrir fervura. Retire do fogo, coloque um pedaço de manteiga e misture.

Junte o molho aos pedaços de galinha e sirva! O mais surpreendente é que não fica aquele gosto agressivo do alho. Fica um sabor delicado e agradável.

Frango com molho de champanhe
(4 pessoas)

500g de peito de frango sem pele cortado em filés
2 colheres de sopa de manteiga
2 colheres de azeite de oliva
300g de cogumelos cortados em fatias
1 cebola picada
1 colher de sopa de farinha de trigo
3 dentes de alho
1 xícara de palmito em conserva cortado em rodelas
1 xícara de caldo de galinha
2 copos de champanhe
suco de 1 limão
sal e pimenta-do-reino a gosto

Tempere os filés de frango com limão, sal e pimenta, passando-os a seguir na farinha de trigo. Leve-os para dourar numa frigideira bem quente com manteiga. Depois de dourados, retire-os do fogo e reserve no quente. Aproveite a sobra de gordura, farinha e molho da frigideira, acrescente o azeite de oliva para refogar os cogumelos em fatias, o palmito, a cebola e o alho. Junte o caldo de galinha e o champanhe. Por último, volte com os filés de frango para a panela, corrija o sal e aqueça para servir.

Frango com maçãs verdes da Dona Mimi
(6 pessoas)

Esta receita é uma homenagem à Dona Mimi Moro. Veio a nós pela gentileza de uma pessoa da família, que guardou-a, junto com outras receitas práticas da pioneira da culinária na TV.

3 peitos de frango
3 cebolas cortadas em rodelas
4 maçãs verdes sem casca cortadas em cubos
3 xícaras de molho de carne
1 xícara de molho doce
2 cálices de vermute seco

1 dente de alho picado
azeite de oliva, manteiga, farinha, sal e pimenta-do-reino a gosto

Para o molho de carne:
2 litros de caldo de carne (ver receita p. 116)
½ xícara de azeite de oliva
2 xícaras de farinha de trigo

Doure a farinha no azeite, juntando o caldo de carne e mexendo sempre até que fique cremoso.

Para o molho doce:
50g de manteiga
10 colheres de sopa de açúcar
4 xícaras de molho de carne

Derreta a manteiga e junte o açúcar até que fique em ponto de caramelo. Acrescente o molho de carne, mexendo sem parar.

Tempere os peitos de frango com sal, pimenta e alho. Aqueça o azeite e frite o frango, acrescentando as cebolas. Adicione o molho de carne e o molho doce. Depois acrescente as maçãs. Por último, junte o vermute, deixando levantar fervura.

Frango com nata
(6 pessoas)

1kg de filés de peito de frango
500g de nata ou creme de leite fresco
farinha de rosca
queijo parmesão ralado
½ xícara de vinho branco
100g de manteiga
alho
sal e pimenta-do-reino a gosto

Tempere os peitos com vinho branco, alho, sal e pimenta-do-reino. Misture a farinha de rosca com o queijo parmesão e passe os filés de frango nesta mistura, como se fossem bifes à milanesa em ovo. Coloque os filés em um prato refratário untado com manteiga e, sobre cada filé, uma colher de chá de manteiga. Espalhe por cima a nata (ou creme de leite fresco) e leve ao forno por 40 minutos.

Galinha gambá

(4 pessoas)

6 sobrecoxas de frango, sem pele
1 pacote de creme de cebola desidratada
(sopa pronta, tem Maggi, Knorr etc.)
1 garrafa de cerveja preta
1 copo d'água

    Dissolva a sopa no copo de água fria. Enquanto isso, dê uma leve refogada nas sobrecoxas, numa panela com um pouquinho de óleo. Acrescente a cerveja preta e a sopa de cebola já dissolvida. Tampe a panela e deixe cozinhar durante uma meia hora, baixando o fogo assim que abrir a fervura. Importante: não use sal, porque a sopa em pacote já é bem salgada. Vai ficar um molho escuro, espesso, muito saboroso.
    Sugestão de acompanhamento: "falso risoto" (ver receita a seguir).

Falso risoto

arroz branco já pronto
1 a 2 colheres de nata
1 a 2 colheres de requeijão
1 copo de cogumelos em conserva com a água

Este risoto é muito simples: pegue o arroz já pronto e dê uma refogada na panela, acrescentando aos poucos, dependendo da quantidade dele, uma ou duas colheres de nata e a mesma quantidade de requeijão. Adicione os cogumelos, inclusive com um pouco da água dele, para deixar mais molhado o arroz. Mexa bem e sirva bem quente.

Frango à Marengo
(6 pessoas)

1 frango inteiro
½ garrafa de vinho branco
3 tomates maduros picados
100g de bacon bem picado

400g de cogumelos frescos cortados ao meio
3 dentes de alho
sal

Esta receita é uma livre interpretação da receita clássica criada e preparada pelo *chef* Dunand, por exigência de Napoleão Bonaparte, na cozinha de campanha, logo depois da vitória espetacular dos franceses sobre os austríacos no norte da Itália.

O frango deve ser cortado em partes. Embora impensáveis numa batalha de Bonaparte, nos dias de hoje valem as bandejinhas de supermercado, com pedaços selecionados: as de sobrecoxa são as melhores, ou as de peito. Mas é claro que o ideal seria um bom frangão daqueles sem hormônio, criados no pátio, ciscando, comendo milho etc... As partes do frango devem ser bem temperadas com sal e um dente de alho esmagado que se esfrega bem em todos os pedaços. Deixe descansar no vinho branco. Reserve esse vinho. Passe os pedaços de frango na farinha de trigo e frite-os com bacon numa caçarola muito quente com óleo. Quando estiver dourado, junte o restante do alho e os tomates picados. Vá acrescentando o vinho aos poucos. Deixe cozinhar por uma meia hora até reduzir o molho. Quando estiver quase pronto, acrescente os cogumelos frescos, que não devem cozinhar por mais de 10 minutos. Acompanham batatas que podem ser cozidas no próprio molho do frango.

Coxinhas bem temperadas
(6 pessoas)

700g de coxas de galinha (e/ou sobrecoxas)
200g de tiras de bacon enroladas
200g de passas de uva
2 copos de cerveja
100g de manteiga
2 cebolas cortadas em rodelas
sal e pimenta-do-reino a gosto

Esta receita é uma livre interpretação de uma receita da jornalista Tânia Carvalho.

Tempere as coxinhas com sal e pimenta e coloque-as numa travessa refratária. "Os rolinhos de bacon devem ser colocados entre as coxas da galinha", ensina Tânia. As passas ficam de molho na cerveja com uma colher de açúcar por uns 20 minutos. Cubra os pedaços de galinha na travessa com lascas de manteiga e rodelas de cebola. Espalhe por cima as passas e a cerveja. Leve ao forno por 45 minutos aproximadamente. Não deixe secar, acrescentando mais cerveja, se for o caso.

Filé de frango com tomate seco
(4 pessoas)

2 peitos de frango
12 pedaços de tomate seco
rúcula
100g de queijo fatiado (mozarela, ou prato, ou lanche)
1 ovo batido

Corte cada peito de frango em dois filés, recheie com o tomate seco, rúcula e queijo. Passe os filés recheados no ovo e depois na farinha de rosca. Arrume-os num refratário e leve ao forno médio por 30 minutos aproximadamente. Sugestão de acompanhamento: creme de milho (receita a seguir).

Creme de milho

2½ xícaras de leite
1 xícara de milho verde (em lata)
$1/3$ de xícara de farinha de trigo
1 xícara de caldo de galinha
¼ de xícara de queijo parmesão ralado
3 colheres de sopa de manteiga
1 cebola média picada
sal a gosto

Bata no liqüidificador o milho com o leite. Em uma panela, refogue a cebola na manteiga, logo após acrescente a farinha, mexendo bem. Acrescente o milho liqüidificado com o leite e mais o caldo de galinha, mexendo sempre e deixando cozinhar até engrossar ligeiramente. Adicione o queijo parmesão ralado e tempere com sal. Mexa e sirva bem quente.

Fígado com manjericão
(4 pessoas)

½kg de fígados de frango
100g de nata
1 punhado de manjericão fresco
suco de 1 laranja
2 colheres de sopa de farinha de trigo
30 g de manteiga
sal e pimenta a gosto

Tempere os fígados com sal e pimenta. Passe-os na farinha e frite-os com manteiga numa panela bem quente. Devem ficar bem passados. Retire-os da panela e reserve, mantendo-os aquecidos. Enquanto isso, adicione o suco de laranja à panela, soltando com uma colher de pau aquela gordura que ficou no fundo da panela, e deixe cozinhar até reduzir à metade. Junte a nata e as folhas de manjericão, cozinhando por mais uns minutos. Coloque este molho sobre os fígados e sirva. Enfeite o prato com folhinhas de manjericão.

Fígado com morangos ao vinho do porto
(4 pessoas)

300g de fígados de galinha
suco de limão
3 colheres de sopa de manteiga
1 cebola média cortada em fatias finas
1 colher de sopa de alecrim picado
2 cálices de vinho do porto
1 copo de geléia de morango
1 xícara de caldo de carne (caseiro ou preparado, em tablete)
sal e pimenta-do-reino a gosto

Corte os fígados em pedaços e tempere com sal, pimenta-do-reino e suco de limão. Derreta metade da manteiga numa frigideira ampla e frite o fígado até que a superfície fique ligeiramente dourada. Retire e coloque numa travessa. Leve a frigideira de volta ao fogo com o restante da manteiga e junte a cebola e o alecrim, mexendo bem com uma colher de pau. Quando a cebola estiver transparente, regue com um cálice de vinho do porto e deixe ferver por 1 minuto. Despeje este molho sobre o fígado. Para fazer o molho de morangos, aqueça 1 copo de geléia de morango numa panelinha e misture com o restante do vinho do porto. Sirva o fígado junto com o molho de geléia de morango.

Patê de fígado

1 cebola média picada
100g de toicinho fresco picado
250g de fígados de aves frescos e bem limpos
200g de manteiga
limão

1 cálice de bom conhaque
sal e pimenta a gosto

Tempere os fígados com o limão, sal e pimenta, pique-os e refogue com a cebola e o toicinho. Deixe esfriar e passe no liqüidificador ou multiprocessador. Em seguida, coe a mistura por uma peneira fina. Adicione a manteiga levemente derretida e o conhaque, misturando bem para tornar a pasta bem homogênea. Coloque em fôrma de vidro ou porcelana e deixe uma noite na geladeira.

Salada de fígados de aves flambados ao conhaque
(4 pessoas)

500g de fígados de galinha
50g de cebolas
60g de bacon
1 pé de alface americana
60g de radicchio
1 pé de alface Boston

1 unidade de endívia
1 molho de tempero verde
60ml de conhaque Dreher
sal e pimenta-do-reino a gosto
molho vinagrete (ver receita a seguir)

Lave as folhas da salada, coloque em pratos individuais uma de cada e tempere com vinagrete. Refogue a cebola, o bacon e os fígados numa frigideira e por fim flambe com conhaque. Coloque o refogado sobre as folhas da salada de cada prato e polvilhe com tempero verde picado.

Para o molho vinagrete:
20g de mostarda Dijon
1 ovo
12ml de vinagre de vinho tinto
40ml de óleo comum (de milho ou arroz)
40ml de azeite de oliva
sal e pimenta a gosto

Coloque a mostarda, o ovo, sal, pimenta e o vinagre no liqüidificador. Adicione o azeite de oliva e o óleo aos poucos para ficar bem cremoso.

Feijoada portuguesa
(10 pessoas)

1½kg de lombo de porco
½kg de charque
½kg de costela salgada de porco
½kg de alcatra de boi
½kg de lingüiçinha fina
½kg de salsichão
3 molhos de couve "manteiga"
1½kg de feijão-cavalo

É uma receita de família do advogado Admar Barreto. Não entram orelha, rabo ou pé de porco; aqui, só carnes nobres, como lombinho de porco e alcatra de boi.

Deixe o feijão de molho na água por no mínimo, 6 horas. Depois, lave-o bem e coloque-o, sempre com bastante água, numa panela ampla para cozinhar. Quando ele estiver se abrindo acrescente as carnes. Primeiro, o charque cortado em pedaços. Depois, a costela também cortada em pedaços. Tanto o charque quanto a costela devem ser previamente dessalgados. Mexa bem. Coloque o lombo de porco cortado em pedaços grandes alternados com pedaços pequenos. Em seguida, corte e acrescente a alcatra cortada em cubos médios. Por último, o salsichão e a lingüiçinha em rodelas. Deixe cozinhar por mais duas horas. Quando o caldo estiver grosso e as carnes se desfiando, corte a couve "manteiga" em tiras largas e acrescente. Deixe mais 10 minutos. Sirva com farofa em prato fundo!

Polenta ao forno com sobras de churrasco

(6 pessoas)

Para o recheio:
1½kg de sobras de churrasco
1 cebola média picada
3 dentes de alho picados

2 tomates graúdos picados
3 colheres de massa de tomate
3 colheres de sopa de azeite de oliva

Para a polenta:
½kg farinha de milho média ou grossa
2 litros de água
1 colher de sopa de sal
3 colheres de queijo parmesão

 Corte em cubos não muito pequenos as sobras do churrasco. Use o que tiver: carne bovina, ovina e de porco, salsichão e/ou lingüiça, corações de galinha etc. Numa panela de ferro bem quente, coloque o azeite de oliva e refogue rapidamente o alho e a cebola, sem deixar queimar. A seguir, coloque as carnes misturadas e mexa bem. Agregue os tomates, a massa de tomate e mexa bem. Tampe a panela e deixe cozinhar por apenas uns minutos. Reserve.

 Despeje a farinha de milho numa panela com água ainda fria, mexendo continuamente com uma colher de pau. Leve ao fogo, mexendo sempre. Depois que abrir fervura, baixe o fogo e mexa até a polenta desgrudar do fundo, cozinhando bem a farinha. Também pode ser usada, com bom resultado, a polenta em pó pré-pronta. Nesse caso, siga as instruções da embalagem. Num ou noutro caso, deixe o ponto bem cremoso.

Num refratário, espalhe uma camada de polenta no fundo. Por cima, espalhe o recheio. A seguir, mais uma camada de polenta. Cubra com uma quantidade generosa de queijo parmesão ralado, e leve ao forno para gratinar.

Bolinho de batata recheado
(6 pessoas)

Para a massa:
1kg de batata inglesa
2 ovos
1 xícara de farinha de trigo

Para o recheio:
½kg de guisado

2 cebolas picadas
2 tomates picados
2 dentes de alho esmagados
sal e pimenta-do-reino a gosto

Cozinhe as batatas e, ainda mornas, passe-as no espremedor de batatas. Adicione os ovos e a farinha, misturando bem com a batata esmagada para obter uma massa consistente, bem firme. Deixe descansar.

Enquanto isso, refogue o guisado com as cebolas, os tomates e os demais temperos, dourando bem. Acrescente um pouquinho de água e deixe cozinhar, procurando obter um guisado bem seco.

Com a massa, faça bolinhas com a mão (que deve estar polvilhada com farinha de trigo, para não grudar). Abra as bolinhas de massa e coloque no meio, como um recheio central, um pouco do guisado, fechando depois e procurando dar uma forma de cilindro ovalado. Depois, passe na farinha de trigo, frite em gordura bem quente e escorra em papel absorvente.

Torta de mozarela

Para a massa:
1 ¹/₃ xícara de maisena peneirada
1 xícara de farinha de trigo peneirada
½ xícara (100g) de manteiga
1 colher de sopa de margarina
1 ovo + 1 gema

Para o recheio:
400g de mozarela picada
1 colher de sopa de margarina
1 pacote de creme de leite (opcional)
1 colher de sopa de maisena
2 xícaras de leite
100g de queijo parmesão ralado (metade para o recheio, metade para colocar por cima para gratinar)
4 ovos inteiros
sal (cuidado, porque todos os ingredientes levam sal!)

Misture bem todos os ingredientes da massa, fazendo uma bola, e deixe descansar uns 15 minutos. Depois, abra a massa com os dedos numa travessa refratária, forrando o fundo e os lados e formando uma espécie de "leito" para o recheio.

Para o recheio, desmanche a maisena em 2 xícaras de leite e junte as gemas. Coloque em uma panela, com a margarina derretida, mexendo até engrossar. Tire do fogo e junte a mozarela picada, o queijo parmesão, sal a gosto, as claras batidas em neve e o creme de leite.

Coloque o recheio na travessa, sobre a massa. Polvilhe com a metade restante do queijo ralado e leve ao forno por 25 minutos. Sirva bem quente.

Marta Ferrari Agustoni, que trouxe a receita ao Anonymus Gourmet, sugere variações no recheio. Em vez dos 400g de mozarela, use, por exemplo 200g de gorgonzola ou roquefort e 200g de mozarela, que Marta garante o resultado. Também testamos, com ótimo resultado, duas variantes: o acréscimo ao recheio de 100g de bacon, bem picado e previamente refogado com cebola; e, também, em vez do bacon, 150g de cogumelos frescos, refogados previamente.

É um prato único excelente numa refeição prática, acompanhado por uma boa salada. Também pode ser uma entrada de classe, num jantar que inclua um prato principal com uma carne.

Batatas fritas à moda de Ramalho Ortigão

No século XIX, o grande escritor português Ramalho Ortigão se orgulhava de usar manteiga bem gorda para fritar suas batatas, o "delicioso manjar das batatas fritas", como ele dizia. Não era provocação aos médicos – é que ainda não haviam inventado o colesterol.

Certa vez, num texto saboroso com as batatas fritas, Ramalho Ortigão concordou em revelar o segredo de sua receita:

"Saibam todos os meus adversários o modo por que eu procedo quando intento oferecer aos meus amigos esse delicioso manjar das batatas fritas. Está já agora decidido... Não! não morrerás comigo, ó doce, ó bom, ó divino segredo! Apercebo-me mandando vir de Sintra a manteiga mais fresca, e compro as melhores batatas que encontro. Depois disso vou para a cozinha e sento-me à banca das operações. Descasco as batatas cruas, aparo-as escrupulosamente e parto-as em fatias de meio dedo de grossura. Em cima de lume muito brando, quase de um rescaldo, coloco a minha frigideira de porcelana, lanço-lhe um bocadinho de manteiga e vou alourando pouco a pouco, branda e sucessivamente, as minhas rodelas. É uma operação para que se não quer pressa, mas dedicação, mimo e paciência. Depois de meio fritas as batatas, vou-as retirando e pondo à janela ao ar. Terminado este primeiro serviço, faço atear uma forte fogueira e reponho no lume a frigideira com um grande naco de manteiga. Quando esta, derretida, principia a saltar em bolhas de fervura, lanço-lhe outra vez as batatas afogadas na manteiga em ebulição, empolam então pronta, rápida, portentosamente, e cada uma das rodelas toma logo uma forma esférica. É admirável, é quase miraculoso o resultado deste processo. A batata fica fofa, amanteigada, farinhenta, inchada, leve e mole como uma filhó ou como um sonho!"

Torta de batata com recheio de frango

(6 pessoas)

Para o recheio:
½kg de peito de frango cortado em cubos
1 lata de tomates pelados
2 tomates picados
2 cebolas
100g de bacon picado
1 copo de vinho tinto
1 colher de farinha de trigo
sal

Para a massa:
½kg de batatas bem cozidas
½ copo de leite
2 colheres de sopa de farinha de trigo
2 gemas
3 colheres de queijo parmesão ralado
1 pitada de sal

Comece fazendo o recheio. Frite o bacon com o frango, os tomates picados, as cebolas e os tomates pelados. Cozinhe.

Desmanche a farinha no vinho, misture ao molho e cozinhe mais um pouco, corrigindo o sal com cuidado, pois o bacon já é salgado. Reserve.

Esmague as batata e adicione as gemas, o leite, o queijo ralado e a farinha, misturando bem para dar consistência e tornar a massa homogênea. Forre o fundo de uma fôrma refratária. Espalhe o recheio por cima e cubra com o restante da massa de batatas. Espalhe queijo ralado por cima e gratine.

Farofa de banana

3 colheres de manteiga
1 colher de sopa de azeite de oliva
½ xícara de farinha de mandioca
2 ovos cozidos picados
1 xícara de ameixas pretas sem caroços
100g de passas de uva
3 bananas picadas
1 cebola pequena ralada
sal a gosto

Use uma frigideira suficientemente ampla para que os ingredientes não fiquem apertados. Na frigideira quente, derreta a manteiga com o azeite de oliva, refogando rapidamente a cebola. Cuide para não queimar. Agregue os ovos cozidos, as ameixas pretas, as passas e as bananas, mexendo bem, mas com delicadeza, com uma colher de pau. Tempere com o sal e, se quiser, opcionalmente, uma pitada de pimenta-do-reino moída na hora.

Acrescente a seguir a farinha, misturando bem com os demais ingredientes, até que ela se torne levemente dourada. Se quiser uma farofa mais seca ou mais "molhada", aumente ou diminua a quantidade de farinha de mandioca. Opcionalmente, você pode acrescentar duas maçãs picadas.

Fritada do papai
(8 pessoas)

½kg de carne bovina moída
12 ovos batidos

1 pimentão verde picado
1 pimentão vermelho picado
1 punhado de azeitonas sem caroço
2 cebolas picadas
2 tomates picados
1 colher de sopa de farinha de trigo
200g de queijo mozarela ralado
100g de queijo parmesão ralado
sal e pimenta-do-reino a gosto
2 colheres de azeite de oliva

Esta receita é uma variação da *frittata*, uma omelete italiana grossa e achatada, parcialmente frita numa frigideira pesada e depois grelhada no forno, até ficar firme e dourada.

Bata os ovos como se fosse fazer uma omelete simples, acrescentando a farinha de trigo, a pimenta e o sal. Reserve.

Escolha uma frigideira ampla, com cabo de metal, que possa ir ao forno, que é o procedimento final desta receita. Leve a frigideira ao fogo com o azeite de oliva. Quando estiver quente, junte a carne moída e refogue, deixando reduzir bem. Acrescente o pimentão verde, o pimentão vermelho, as azeitonas, as cebolas, os tomates e a farinha de trigo, misturando bem com a carne. Por cima, derrame os ovos batidos, cuidando para que se espalhem bem, e faça com que a mistura fique bem frita de um lado. Espalhe os dois queijos por cima e leve a frigideira ao forno (se o forno tiver o dispositivo de *grill*, melhor) o tempo suficiente para gratinar.

Galantine de tomate
(4 pessoas)

1 colher de sopa de gelatina em pó sem sabor
1½ xícara de suco de tomate
¼ de colher de chá de açúcar
pimenta em grão e sal a gosto
½ cebola média bem picada
1 colher de sopa de pimentão vermelho picado
1 tomate pequeno, muito vermelho, bem picadinho
1 talo de salsão (aipo) picado

Misture ½ xícara de suco de tomate com a gelatina e deixe descansar durante 5 minutos para que ela se dissolva. Uma boa dica é usar a gelatina vermelha sem sabor. Aqueça levemente, sem deixar ferver, o restante do suco de tomate juntamente com os outros ingredientes, misturando-os bem com a gelatina dissolvida no suco. Despeje a mistura em tigelinhas individuais ou numa fôrma de pudim, cuidando que os ingredientes sólidos picados fiquem bem espalhados, para melhorar o efeito quando a gelatina endurecer. Leve à geladeira até que fique bem firme e sirva geladinho sobre folhas de alface.

Maionese de pêssegos
(4 pessoas)

3 colheres de maionese
1 pote de iogurte natural
1 vidro de cogumelos em conserva
1 lata de pêssegos em calda cortados em quatro partes

2 cenouras cortadas em rodelas finas
tomates-cerejas
4 batatas cozidas e cortadas em cubos (não devem ser cozidas demais)
100g de passas de uva
1 punhado de manjericão

Numa travessa ou recipiente amplo, misture delicadamente os ingredientes. A maionese e o iogurte podem ser previamente misturados, para que fique uma pasta homogênea, facilitando a preparação. Ao final, espalhe o manjericão e as passas por cima, e também um fio de azeite de oliva. Opcionalmente, tempere com um copo de suco de lima.

Suflê fácil à calabresa
(6 pessoas)

1 xícara de leite
200g de lingüiça calabresa
3 ovos
$1/3$ de xícara de pimentão vermelho

½ xícara de cebola
3 fatias de pão de fôrma sem casca
1 pacotinho de fermento
sal e mais pimenta (a lingüiça já é apimentada) a gosto

Bata todos os ingredientes no liqüidificador. Tempere a gosto e distribua a mistura em 6 forminhas refratárias individuais, untadas. Asse em forno moderado, por 30 minutos, até que a massa esteja crescida e firme. É uma ótima entrada ou refeição leve para ser servida acompanhada por uma salada.

Brócolis gratinados
(4 pessoas)

2 molhos de brócolis
1 colher de sopa de manteiga
1 cebola pequena
1 colher de sopa de farinha de trigo
1 xícara de requeijão tipo catupiry
queifo fatiado

presunto fatiado
1 lata de creme de leite
sal
queijo parmesão ralado

Ferva os brócolis rapidamente. Depois coloque-os em um prato refratário, ajeitando-os com a flor para cima. Coloque charutinhos de queijo e presunto (enrole fatias de queijo e presunto juntos) intercalados entre as flores de brócolis. Faça um molho branco, refogando a cebola picada na manteiga, e logo após acrescentando a farinha de trigo, o catupiry, o creme de leite e o sal (deixe ferver por um minuto e estará pronto). Coloque esse molho branco por cima dos brócolis, cubra com o queijo parmesão a gosto, e leve ao forno por aproximadamente vinte minutos, mais ou menos. Retire do forno e sirva!

Tomates gratinados com couve-flor

(6 pessoas)

6 tomates grandes
1 lata de atum
1 couve-flor
queijo parmesão ralado
2 colheres de maionese
1 cebola picada
1 colher de sopa de farinha de trigo
200g de nata

Corte uma tampa de cada tomate e retire o miolo. Arrume em um prato refratário. Misture o atum com a maionese e queijo parmesão ralado e recheie cada tomate. Cozinhe os ramos da couve-flor e coloque-os no refratário, entre os tomates, de maneira a cobrir os espaços existentes. Em uma frigideira, refogue a cebola, logo após acrescente a farinha e a nata. Deixe cozinhar por um ou dois minutos e despeje este molho sobre os tomates e a couve-flor. Cubra tudo com o queijo parmesão e leve ao forno para gratinar por aproximadamente 20 minutos. Depois é só servir.

Empadão fácil de guisado
(6 pessoas)

Para o recheio:
½kg de guisado de carne bovina
1 cebola média picada
1 dente de alho bem picado
1 tomate picado
3 azeitonas picadas
2 colheres de massa de tomate
azeite de oliva
sal e pimenta a gosto

Para a massa:
2 xícaras de farinha de trigo
100g de manteiga
água gelada
sal
uma gema para pincelar

Comece fazendo o recheio. Numa panela bem quente, com 3 colheres de azeite de oliva, dê uma boa refogada no guisado, acrescentando a cebola e o alho, e misture bem. Depois, junte o tomate, a massa de tomate e as azeitonas, mexendo bem e deixando cozinhar uns minutos com a panela aberta para secar, pois o recheio não pode ser muito úmido. Reserve.

Para fazer a massa, misture a manteiga e a farinha com as mãos e aos poucos coloque a água gelada e um pouquinho de sal. Depois de bem homogênea, a massa deve descansar por meia hora. Então abra a massa e divida-a em duas partes. Estique uma delas com um rolo e cubra o fundo e as laterais de uma fôrma refratária. Asse por 15 minutos. Enquanto isso, estique a outra parte para que se torne a tampa do empadão.

Tire a fôrma do forno, coloque o recheio sobre a massa que estava assando e feche o empadão com a massa restante. Pincele com a gema e asse por mais 30 minutos.

Carreteiro de costelinha

(6 pessoas)

1kg de costelinhas de porco
2 xícaras de arroz
4 xícaras de caldo de carne (ver receita p.116)
3 dentes de alho picados
2 cebolas médias picadas
1 pimentão vermelho picado
1 pimentão verde picado
1 lata de milho
1 tomate gaúcho grande picado
1 cálice de vinho branco
azeite de oliva

Peça para o açougueiro cortar as costelinhas de porco com cerca de 3cm de largura. Separe as costelinhas em módulos, cortando cada um dos ossos, e tempere com sal, limão, alho e pimenta.

Numa panela com azeite de oliva bem quente, coloque os pedaços de costelinha até dourá-los dos dois lados. Logo após, junte a cebola e refogue. Acrescente o tomate e os pimentões, bem como o milho. Misture delicadamente. Coloque o arroz e acrescente o caldo de carne. Por último, derrame o vinho e aguarde o arroz cozinhar! Esta última etapa, que é a finalização do cozimento do arroz, deve ser feita em fogo brando.

Arroz de bacalhau
(6 pessoas)

2 colheres de azeite de oliva
1 lata de tomates sem pele
1 cebola picada
2 tomates batidos no liqüidificador
700g de bacalhau desfiado
1 xícara de arroz
3 xícaras de água
azeitonas

Numa panela aqueça o azeite de oliva e refogue a cebola, os tomates sem pele e os tomates batidos no liqüidificador. Deixe ferver por aproximadamente 5 minutos, formando um molho espesso. Logo após acrescente um punhado de azeitonas e depois o bacalhau desfiado (que deverá ser dessalgado previamente). Deixe refogar rapidamente e depois acrescente o arroz e a água. Tampe a panela e deixe cozinhar por 30 minutos. Sirva com um tempero verde picado. Bom apetite!

Arroz piemontês
(6 pessoas)

3 xícaras de arroz
350g de cogumelos
350g de nata
1½ xícara de leite
3 colheres de sopa de manteiga
1 colher de sopa de maisena
1 colher de chá de sal
200g de queijo parmesão ralado
sal e pimenta branca a gosto

Talvez no Piemonte você não encontre este arroz, mas durante muito tempo ele foi um acompanhamento tradicional de carnes e aves em restaurantes e botecos do Rio de Janeiro.

O arroz é o comum, deve ser feito na hora, preparado na forma convencional, temperado com sal e, para quem gosta, com uma cebolinha picada. Quando estiver pronto, reserve.

Prepare o molho à parte, começando por derreter a manteiga numa panela já bem aquecida. Em fogo baixo, acrescente o cogumelo, a nata e o leite. Engrosse com maisena previamente dissolvida num pouco de água fria. Tempere com sal e pimenta branca. Adicione o queijo parmesão ralado e, rapidamente, enquanto estiver ainda bem quente, misture tudo ao arroz já pronto.

Arroz do peru
(4 pessoas)

500g de peito de peru em cubos
2 colheres de sopa de requeijão cremoso

200g de creme de leite
200g de cogumelos
1 cebola picada
1 tomate picado
100g de queijo parmesão ralado
6 xícaras de arroz já preparado
1 cálice de vinho branco
azeite de oliva

Frite os cubos do peru em azeite de oliva, numa panela bem quente. Quando dourarem, acrescente a cebola e misture bem. Baixe o fogo e agregue o tomate, os cogumelos, o creme de leite, o requeijão, o queijo parmesão ralado e o arroz pronto, mexendo delicadamente até misturar bem. Para finalizar, derrame por cima uma taça de vinho branco. Depois de alguns minutos está pronto! É uma boa idéia para aproveitar aquelas sobras in-ter-mi-ná-veis de peru de Natal.

Arroz com javali
(6 pessoas)

2 xícaras de arroz branco (ou 1 xícara de arroz integral e 1 de arroz selvagem)
500g de carne de javali cortada em cubos e previamente temperada com sal, pimenta e limão
1 lata de ervilhas
1 lata de milho
1 copo de cogumelos
1 lata de tomates pelados
1 xícara de queijo parmesão ralado
2 colheres de nata fresca
1 copo de vinho branco
1 xícara de cebola picada
2 dentes de alho picados
4 xícaras de caldo de carne (ver receita p.116)
sal e pimenta a gosto
azeite de oliva

Aqueça uma panela de ferro com azeite de oliva e frite a cebola, o alho e os cubos de carne de javali que foram previamente temperados com limão, sal e pimenta. Quando dourar, acrescente o arroz. Refogue mais um pouco. Agregue os tomates pelados, as ervilhas, o milho e o caldo de carne e cozinhe com a tampa fechada até reduzir o caldo e o arroz ficar no ponto. Se ficar muito seco, acrescente mais um pouco de caldo, ou água, até que o arroz fique num ponto bem molhado. Quando ele estiver quase cozido, junte os cogumelos e o copo de vinho branco. Mexa mais um pouco. Quando estiver pronto, acrescente a xícara de queijo parmesão e a nata. Deve ficar meio pastoso.

Se você utilizar arroz integral e arroz selvagem, no lugar do arroz branco comum, será necessário usar mais caldo de carne ou água e observar o tempo de cozimento, que será maior.

Arroz de china pobre
(4 pessoas)

2 xícaras de arroz
500g de lingüiça em pedaços pequenos

1 xícara de cebola picada
2 dentes de alho picados
5 xícaras de água
banha de porco ou óleo

Aqueça uma panela de ferro com banha de porco ou óleo e frite a cebola, o alho e a lingüiça. Quando dourar, acrescente o arroz. Frite mais um pouco, cubra com água, ponha um pouco de sal e cozinhe com a tampa fechada até reduzir a água e o arroz ficar no ponto.

Nesta receita, todo o cuidado é pouco com o sal, pois a lingüiça já é salgada.

Este prato se inclui entre os mais tradicionais e mais populares da culinária do Rio Grande do Sul. O Arroz de china pobre também é chamado de Arroz de puta.

Arroz de china rica
(4 pessoas)

2 xícaras de arroz branco (ou 1 xícara de arroz branco e 1 de arroz selvagem)

250g de lingüiça fina cortada em pedaços pequenos
250g de lingüiça grossa (calabresa ou de porco) cortada em pedaços pequenos
ervilhas
milho
cogumelos
1 lata de tomates pelados
1 copo de champanhe ou vinho branco
1 xícara de cebola picada
2 dentes de alho picados
4 xícaras de água
sal e pimenta a gosto
azeite de oliva

Esta receita é uma variante mais rica do arroz de china pobre.

Aqueça uma panela de ferro com azeite de oliva e frite a cebola, o alho e as lingüiças. Quando dourarem, acrescente o arroz. Depois, os tomates pelados, as ervilhas e o milho. Refogue mais um pouco, acrescente água e um pouco de sal, e cozinhe com a tampa fechada até reduzir a água e o arroz ficar no ponto. No final, junte o champanhe e os cogumelos, pouco antes de apagar o fogo.

Cuidado com o sal, pois a lingüiça já é salgada. Cuidado com a pimenta, se utilizar lingüiça calabresa. Na hora de servir, a china rica não dispensa uma generosa camada de bom parmesão ralado e um fio de azeite extravirgem por cima.

Arroz putanesca
(6 pessoas)

2 xícaras de arroz
4 xícaras de caldo de galinha (ver receita p. 114)
2 dentes de alho picados
1 cebola picada
2 colheres de massa de tomate
1 lata de atum
1 lata de sardinha
1 lata de anchovas
1 copo de alcaparras
1 tomate picado
1 copo de vinho branco
1 xícara de queijo ralado

Frite a anchova, o atum e a sardinha numa panela com azeite quente. Deixe desmanchar. Acrescente a cebola, o alho, as alcaparras, o tomate e o extrato de tomate. Refogue bem. Depois, agregue o arroz e o caldo de galinha. Cozinhe. No final, quando o arroz estiver no ponto, antes de desligar o fogo, acrescente uma xícara de queijo ralado e o copo de vinho branco.

"Paeja" rio-grandense
(10 pessoas)

150g de lingüicinha fina cortada em rodelas
150g de lingüiça calabresa cortada em rodelas
200g de carne de gado em cubos
150g de carne de porco em cubos
150g de coração de galinha
200g de carne de ovelha cortada em cubos
50g de bacon
50g de banha de porco

½ pimentão vermelho
½ pimentão verde
½ pimentão amarelo
1 xícara de milho
½ copo de vinho
3 folhas de couve verde
2 colheres de colorau
suco de 1 limão
1 cebola média
3 xícaras de arroz
6 xícaras de água
3 colheres de massa de tomate
2 cebolas picadas
2 tomates picados
2 cenouras picadas
1 lata de ervilhas
sal e pimenta em pó a gosto
queijo parmesão ralado
tempero verde

A idéia geral é a mesma da origem da *paella* espanhola: aproveitar as sobras de boa qualidade. Por isso, vale usar, junto com as carnes cruas, ou substituindo-as, até sobras de churrasco. Pode ser feito no fogão doméstico, num fogão a lenha ou numa churrasqueira. Use uma frigideira grande, uma *paellera* ou uma roda de arado, que deve ir ao fogo. Quando estiver bem quente, coloque banha de porco ou óleo e comece por refogar as carnes: primeiro, a carne de porco, depois, a lingüiça, acrescentando as outras a seguir. Quando as carnes estiverem bem douradas, acrescente a cebola e o tomate, refogando-os bem. A seguir, os pimentões vermelho, verde e amarelo, e mais o milho, para colorir com as cores da bandeira do Rio Grande do Sul. Acrescente o arroz e o colorau para fazer as vezes do açafrão na *paella*, o vinho, a ervilha e a cenoura, cubra tudo com água, mexa bem e deixe cozinhar. Acrescente mais água, se necessário, para não secar. Quando estiver quase pronto, espalhe queijo parmesão ralado e tempero verde por cima.

Paella a la valenciana
(15 pessoas)

½kg de lombo de porco cortado em cubos
½kg de lingüiça calabresa
1 frango (2kg) cortado em 8 pedaços
15 mexilhões (150g)
15 camarões grandes (cerca de 250g), sem casca e cozidos
10 camarões grandes com casca
½kg de lula
½kg de polvo
1 lagosta inteira
1 xícara de azeite de oliva
3 cebolas grandes bem picadas
4 dentes de alho amassados
3 pimentões: 1 vermelho, 1 verde e 1 amarelo, cortados em tiras
6 tomates, bem picados
4 xícaras de arroz
açafrão (duas colherinhas, se for em pó; ao natural, um ou dois pistilos)
10 xícaras de caldo de carne ou de galinha (ver receitas p. 116 e 114)
sal e pimenta-do-reino a gosto

Limpe bem os mexilhões, coloque numa tigela e deixe de molho em água fria por 1 hora, trocando a água várias vezes. Lave-os e leve-os ao fogo numa panela tampada, com pouca água, mexendo de vez em quando. Se os mexilhões não abrirem, cozinhe por mais uns dois minutos e elimine os que ficarem fechados. Retire do fogo e reserve. Limpe e cozinhe em água e sal as lulas e o polvo cortado. Reserve-os. Cozinhe a lagosta em água quente, retire a carne e reserve a carcaça.

Tempere o frango e o lombo de porco com sal e pimenta-do-reino a gosto.

A panela ideal para fazer a *paella* é a chamada *paellera*, de tamanho médio ou grande. Existe até um fogareiro especial a gás à venda em certas ferragens, e que não é muito caro e garante fogo uniforme em toda a base da panela. Se não tiver uma *paellera*, use uma panela rasa ou uma frigideira grande. Aqueça bem a panela e acrescente o azeite de oliva.

A seguir, vá colocando por partes os ingredientes na panela. Aqui, a ordem dos fatores altera o produto. Junte primeiro os pedaços de frango e de lombo de porco e frite. Mexa sempre até ficarem dourados por igual. Depois, junte a lingüiça e deixe dourar. Acrescente a cebola, o alho e os tomates, e cozinhe em fogo brando por cerca de 5 minutos, mexendo de vez em quando, até a cebola ficar macia.

Acrescente o arroz, caldo de carne ou de galinha, e deixe cozinhar um pouco. Agregue o açafrão. Quando o arroz começar a amolecer, sempre mexendo bem, adicione as lulas, o polvo cortado em cubos, a carne da lagosta e os camarões. Nessa altura do cozimento, opcionalmente, pode-se usar 1 pote (340g) de fundos de alcachofra em conserva, escorridos, e ½ xícara (240g) de ervilhas frescas, misturando-os aos demais ingredientes. Depois cubra tudo com os camarões com casca e os pimentões vermelhos, verdes e amarelos. Termine o cozimento e sirva na frigideira. Use a carcaça da lagosta para decorar.

Forminhas de atum
(6 pessoas)

¾ de xícara de leite
1 lata de atum (tipo água e sal) escorrido
3 ovos
⅓ de xícara de pimentão verde em pedaços
¼ de xícara de cebola cortada em pedaços
3 fatias de pão de fôrma sem casca em pedaços
sal e pimenta-do-reino a gosto

Bata todos os ingredientes no liqüidificador. Tempere a gosto e distribua a mistura em 6 forminhas refratárias individuais untadas. Cozinhe em banho-maria, em forno moderado, por 30 minutos, até que a massa esteja crescida e firme. Você terá pequenas tortinhas que podem ser servidas como entrada ou como uma refeição leve com salada verde.

Bolo de atum
(8 pessoas)

1 pão de fôrma (pode ser amanhecido)
2 latas de atum
½ caixa de molho de tomate refogado
2 colheres de catchup
1 lata de milho verde
1 cebola média picadinha
azeitonas sem caroço picadas
250g de maionese
farinha de rosca
batata palha

Refogue a cebola no molho de tomate. Reserve. Enquanto isso, em uma travessa, esfarele o pão e misture com a maionese, o catchup, as azeitonas, o atum e o milho. Misture bem com as mãos até formar uma massa. Por último, acrescente o refogado e misture mais um pouco (vira uma pasta). Unte uma fôrma refratária com óleo e polvilhe com farinha de rosca, espalhe a "massa de atum" e, por cima, a batata palha. Leve ao forno por 20 minutos.

Linguado ao catupiry
(4 pessoas)

1kg de filés de linguado
1 garrafa de vinho branco seco
2 caixinhas de requeijão catupiry
100g de queijo parmesão ralado
1 vidro de alcaparras
sal e pimenta branca em pó a gosto
limão

Tempere os filés com sal, pimenta branca e limão. Coloque-os numa fôrma e cubra com vinho. Leve ao fogão, sobre duas bocas, até o vinho ferver. Reserve. Enquanto isso, cubra o fundo e as laterais de uma fôrma refratária com queijo catupiry bem farto. Lave bem as alcaparras para tirar o sal. Coloque os filés de linguado sobre o "colchão" de catupiry. Decore o prato com alcaparras e leve ao forno para derreter o catupiry.

Retire, cubra com queijo parmesão ralado e retorne ao forno por mais 5 minutos para gratinar.

Sirva os filés de linguado ao catupiry acompanhados de arroz com brócolis. É simples fazer o arroz com brócolis: basta preparar o arroz branco e misturar com brócolis picados e previamente aferventados.

Salmão com molho bechamel e mostarda
(6 pessoas)

2kg de salmão

Para o molho bechamel:
1 litro de leite fervido e coado
100g de manteiga ou 2 colheres bem cheias
4 colheres bem cheias de farinha de trigo
pimenta branca
pimenta-do-reino moída na hora
mostarda

Para as batatas *sautées*:
3 batatas cortadas em rodelas
tempero verde picado
sal

O salmão – O salmão deve ser fresco ou congelado, mas não defumado. Compre-o inteiro ou em postas. Retire o couro com uma faca afiada. É fácil, basta fazer uma incisão entre o couro (sem retirar as escamas) e a carne e puxar o couro. A seguir, separe o espinhaço e as espinhas, deixando apenas o filé. Corte o filé com 1cm de espessura no sentido transversal. Calcule dois escalopes para cada um dos convidados. Tempere-os com sal e pimenta e deixe descansar uns minutos. Frite-os num mínimo de óleo, apenas o suficiente para dourar. É menos de um minuto de cada lado.

Molho bechamel – A maneira mais fácil de fazer o molho bechamel é bater no liqüidificador a farinha, o leite, sal, pimenta branca e 2 colheres bem cheias de manteiga (que pode ser previamente derretida em banho-maria). Depois de bem misturados estes ingredientes no liqüidificador, formando uma mistura homogênea, leve ao fogo baixo, mexendo bastante, até que cozinhe e engrosse. Quando estiver pronto, misture duas colheres de boa mostarda, para dar o toque de Dijon ao molho, e besunte a superfície com um pouco de manteiga, para evitar que crie nata.

Para o bechamel da forma clássica, faça um *roux*, derretendo a manteiga numa panela quente e a seguir colocando a farinha para dourar, mexendo sempre para que misture com a manteiga, acrescentando aos poucos o leite e mexendo sempre, até obter uma composição espessa, uniforme e aveludada.

Batatas *sautées* – Numa frigideira bem quente, coloque uma colher de óleo. Passe na frigideira as batatas fatiadas em rodelas finas, fritando-as bem dos dois lados. Quando estiverem prontas, salpique com tempero verde picado e sal.

Faça um "colchão" com as batatas *sautées* no centro do prato. Sobre esta base, coloque os escalopes de salmão. Cubra-os com o molho bechamel com mostarda. Em volta, faça um círculo com parmesão ralado na hora. Decore o prato com um filete de mostarda, alguns verdes e pimenta moída na hora por cima.

Salmão no forno
(4 pessoas)

8 filés de salmão
sal
suco de 1 limão
pimenta
orégano

Receita do ator Zé Victor Castiel. A dica é comprar o peixe inteiro e pedir para o peixeiro tirar o filé. Sai mais barato. Primeiro tempere o filé de salmão dos dois lados com limão, sal e pimenta. Numa assadeira bem untada com azeite de oliva, coloque o salmão, com o lado da gordura para baixo. Forno forte no início, e forno médio depois, em torno de 30 minutos. Cuide que a parte de cima fique dourada. Se o seu forno tiver *grill*, use o dispositivo no final. Depois de pronto, retire e sirva em seguida, espalhando um pouco mais de azeite de oliva por cima e polvilhando com um pouco de orégano.

Canja de galinha
(6 porções)

4 sobrecoxas e 1 peito de frango
1 cebola picada fininha
1 dente de alho esmagado
1 xícara de arroz
500g de batatas cortadas em cubos
3 cenouras em rodelas
banha
tempero verde
sal

Refogue os pedaços de frango numa panela bem quente, com um pouco de banha, mais a cebola e o alho. Cubra com água e coloque o arroz, as batatas, a cenoura e sal a gosto e deixe cozinhar bem. Quando a galinha estiver se soltando dos ossos e a batata macia e o arroz cozido, está pronta a canja.

A canja pode ser enriquecida com miúdos, que entram no cozimento junto com os pedaços de galinha.

A canja deve ser servida bem quente, em pratos previamente escaldados, para não esfriar. Na hora de servir, se quiser reforçá-la, coloque no fundo do prato de sopa individual previamente aquecido uma gema crua, derramando a canja por cima. A gema vai cozinhar, engrossando o caldo e valorizando o sabor.

Caldo de salmão

espinha, pele, cabeça e rabo de salmão
2 litros de água
2 cebolas picadas
3 cenouras picadas
3 tomates picados

Quando você comprar um salmão inteiro e pedir para o peixeiro retirar os filés, não permita que ele jogue no lixo o espinhaço, a pele, a cabeça e o rabo do peixe. Tudo isso é material para um caldo precioso. Coloque esses pedaços de salmão numa panela ampla com água e leve ao fogo. Acrescente as cebolas, as cenouras e os tomates. Deixe ferver por uma hora, mais ou menos. Retire do fogo e depois coe o caldo. Sirva bem quente, como entrada, ou guarde na geladeira em forminhas para preparar molhos ou outros pratos.

Caldo de galinha

1 carcaça de galinha ou frango
3 litros de água
100g de presunto picado
3 dentes de alho picados
3 cebolas médias cortadas em rodelas
3 tomates cortados em cubos
3 cenouras limpas e cortadas em rodelas

2 nabos pequenos limpos cortados em pedaços médios
cheiro-verde
louro
manjerona
alho
gordura, azeite ou manteiga

Pode-se usar, eventualmente, partes da galinha que não sejam utilizadas em outras preparações, como carcaça, pescoço, asinhas etc., e também miúdos.

Refogue numa panela bem quente, com gordura ou azeite, os pedaços de carcaça ou as partes do frango que tiver disponíveis, mais o presunto, o alho, as rodelas de cebola, a cenoura, os nabos e os tomates. Depois de tudo bem refogado, sempre no fogo, cubra com água fria (em quantidade suficiente para cozinhar bem a galinha e de acordo com o volume de caldo que desejar), acrescentando o cheiro-verde, um pedacinho de louro e um galhinho de manjerona. Se quiser, acrescente outros vegetais, a gosto. Quando ferver, baixe o fogo, e deixe em fogo brando por no mínimo uma hora. Quando o caldo estiver bem consistente, coe e está pronto para ser utilizado como base para molhos, sopas e diversos pratos. Justamente porque vai ser utilizado em outras preparações, não se usa sal ou pimenta.

Caldo de carne

3 litros de água
1kg de carne bovina com osso (ossobuco e/ou um bom pedaço de ponta da agulha, peito ou coxão duro)
100g de presunto cortado em cubos
100g de salame italiano
3 cenouras limpas e cortadas ao meio
2 nabos pequenos limpos cortados em pedaços médios
3 cebolas médias
3 tomates limpos cortados em quatro
alho-porro limpo e picado grosso
3 dentes de alho socados com sal
azeite ou banha

Refogue numa panela grande bem quente, com banha ou azeite, a carne, os ossos e os demais ingredientes Quando dourar a carne, acrescente água aos poucos.

Tampe a panela e deixe ferver durante duas horas ou mais, até que a carne esteja bem macia, quase se desmanchando.

Quando o caldo começar a reduzir, está pronto. Coe-o e use ou guarde. Pode ser congelado, dividindo-se em partes para maior comodidade. O caldo de carne é uma elaboração simples e serve de base para diversos molhos e sopas. Também aqui, como se disse no caldo de galinha, pelo fato de ser utilizado em outras preparações, não se usa sal ou pimenta.

Sopa de aipim
(10 pessoas)

2kg de aipim
500g de lingüiça fina picada em rodelas fininhas
100g de bacon bem picado

2 litros de caldo de carne (ver receita p.116)
salsa e cebolinha bem picadas
1 cebola média picada
2 colheres de óleo

Coloque os aipins descascados para cozinhar em aproximadamente quatro litros de água, até que esteja bem mole. Deixe esfriar um pouco, tire o fio do centro dos pedaços de aipim e passe-os no liqüidificador. Reserve.

Pique a cebola e frite-a no óleo. Acrescente o bacon e a lingüiça. Deixe fritar um pouco. Junte o caldo de carne. Na receita original, em nome da praticidade, a sugestão é utilizar cubos de caldo de carne. Coloque tudo numa panela grande com o aipim liqüidificado. Deixe ferver. Se ficar muito espesso, corrigir com um pouco de água e, se precisar, também um pouco mais de sal.

Na hora de servir, acrescente a salsa e a cebolinha verde por cima. Sugestão: prepare cubinhos de pão assados no forno com orégano e azeite de oliva para acompanhar na hora de servir.

Sopa de lentilhas
(6 pessoas)

½kg de lentilhas
batatas, cenouras, cebolas, tomates, couve e legumes que desejar
3 dentes de alho
200g de bacon
½kg de carne bovina em pedaços
ossos
lingüiça ou salsichão

    Comece fritando o bacon e o alho em azeite de oliva na panela em que será feita a sopa (uma panela ampla). Logo após, coloque água até a metade da panela e acrescente a lentilha, os legumes, carne, ossos e lingüiças. Deixe ferver por aproximadamente duas horas no mínimo. Por último tempere com sal a gosto se for necessário. A sopa estará pronta quando o caldo estiver bem grosso e as carnes se desmanchando. Sirva bem quente, acompanhada de ovos picados, tempero verde e queijo parmesão ralado, bem como um fio de um bom azeite de oliva. É uma delícia.

Pão de fôrma com lingüiça e tomates secos

Para o pão:
1kg de farinha de trigo especial
2 pacotinhos de fermento instantâneo para pão
3 ovos
½ litro de leite morno (mais ou menos)
1 colher de sopa de sal
1 colher de sopa de açúcar
1 xícara não muito cheia de óleo

Para o recheio:
½kg de lingüiça colonial
tomates secos em óleo de oliva
orégano

Para preparar o recheio, comece pela lingüiça, tirando a pele. A seguir, refogue rapidamente para tirar o excesso de gordura. Agregue em seguida o tomate seco e o orégano. Reserve.

Para fazer o pão, coloque a farinha num recipiente grande e junte os ingredientes secos, misturando-os bem. Depois, acrescente os demais ingredientes, sendo que o leite deve ser colocado aos poucos para dar o ponto à massa. Pode-se, opcionalmente, colocar orégano na massa. Bata bem até ficar uma massa homogênea, nem muito mole, nem muito dura. Consistência para pão de fôrma ou pão batido. Unte 3 fôrmas retangulares para pão. Distribua a metade da massa em partes iguais nas fôrmas. Coloque a lingüiça que já estava previamente preparada com os demais ingredientes. Cubra com o restante da massa. Leve ao forno por mais ou menos 50 minutos.

Cachorrinho

2 colheres de sopa de açúcar
1 colher de chá de sal
3 colheres de sopa de fermento biológico
6 colheres de sopa de óleo

1 copo de água morna
500g de farinha de trigo
salsichas para o recheio
gema para pincelar

Misture o açúcar, o sal, o fermento biológico, o óleo e a água morna. Depois de bem misturados, vá acrescentando a farinha até formar uma massa homogênea (nem muito dura nem muito mole) que desgrude das mãos. Abra os pedaços da massa em cima de uma superfície enfarinhada e vá moldando os cachorrinhos: coloque a salsicha no meio de um pedaço de massa e enrole até formar um cachorrinho. Unte uma fôrma grande com óleo, coloque os cachorrinhos e pincele com uma gema. Leve ao forno médio (200 graus) por aproximadamente 25 minutos.

Pãozinho de minuto

3 copos de farinha de trigo
3 ovos batidos

150g de manteiga (à temperatura ambiente)
½ copo de leite, aproximadamente, o suficiente para dar consistência à massa
10g de fermento seco
1 colher de chá de sal
1 colher de chá de açúcar

Misture a farinha com o fermento, peneirando-os juntos e agregando a seguir o sal e o açúcar, que também devem ser bem misturados. Junte tudo com a manteiga, que estará mole, fazendo uma farofa. Depois acrescente os ovos batidos e o leite, que darão o ponto. Numa fôrma untada e enfarinhada coloque pequenas bolas da massa e leve ao forno médio, pré-aquecido, por aproximadamente 30 minutos.

Pão de laranja com goiabada

1kg de farinha de trigo aproximadamente
3 ovos inteiros
1 gema para pincelar

3 colheres de sopa de açúcar
2 colheres de sopa de manteiga
2 copos de suco de laranja
raspas da casca de 2 laranjas
20g de fermento biológico instantâneo seco
500g de goiabada

Junte 700g de farinha, os ovos, o fermento, as raspas de laranja, o suco de laranja (aos poucos) e a manteiga, e misture até formar uma massa levemente grudenta. Amasse bastante e deixe descansar por aproximadamente 30 minutos. Novamente sove a massa até ficar bem lisa, usando um pouco da farinha restante. Divida a massa em duas porções iguais de modo que resulte em dois pães de igual tamanho, abra as duas porções, recheie com os pedaços de goiabada e deixe descansar por aproximadamente 1 hora ou até que dobrem de tamanho. Pincele com a gema de ovo e leve ao forno até dourar, cerca de 40 minutos.

Pão de canela

1 ¾ de xícara de chá de farinha de trigo
1/3 de xícara de chá de açúcar
2 colheres de chá de canela em pó
½ colher de chá de sal
3 colheres de chá de fermento em pó
10 colheres de leite
¼ de xícara de manteiga

Para a cobertura:
2 colheres de açúcar cristal
1 colher de chá de canela em pó
leite para pincelar

Peneire a farinha, o fermento, o sal e a canela, e misture com a manteiga em temperatura ambiente, restando uma farofa. Acrescente o açúcar e após, aos poucos, o leite. Mexa com uma colher até a massa ficar macia, coloque-a sobre uma base enfarinhada e abra-a levemente com um rolo. Coloque-a em fôrma de 18cm de diâmetro (pequena) untada, pincele com o leite e acrescente o açúcar cristal e a canela já misturados. Leve ao forno médio por 30 minutos.

Pão massinha

(8 pessoas)

2 colheres de sopa de açúcar
2 colheres de chá de sal
3 colheres de fermento biológico seco
6 colheres de óleo
1 copo de água morna
500g de farinha de trigo

Para pincelar:
1 gema de ovo
2 colheres de água

Misture o açúcar, o sal, o fermento, o óleo e a água. Depois, vá acrescentando a farinha aos poucos até formar uma massa homogênea (nem muito dura e nem muito mole) que deverá desgrudar das mãos quando estiver no ponto. Abra os pedaços da massa em cima de uma superfície enfarinhada. Modele as pequenas porções de massa com as mãos, ou coloque em forminhas untadas. Num ou noutro caso, devem ser feitos pãezinhos pequenos. Pincele com a mistura de gema de ovo e água. Leve ao forno médio (200 graus) por aproximadamente 30 minutos.

Colomba pascal

Para a primeira etapa da massa:
300g de farinha de trigo
250ml de água morna
10g de açúcar
20g de fermento biológico ou 60g de fermento seco fresco

Para a segunda etapa:
800g de farinha de trigo peneirada
230g de açúcar
230g de manteiga
5g de sal
4 gemas
raspas de laranja ou 1 colher de chá de essência de laranja ou baunilha
500g de chocolate meio amargo picado

Para a cobertura:
130g de farinha de trigo

130g de açúcar
130g de açúcar confeiteiro
20g de nozes moídas
2 claras sem bater
essência de nozes a gosto (opcional) ou 1 colher de canela.

Misture bem os ingredientes da primeira etapa da massa e deixe fermentar por 25 minutos num recipiente coberto com plástico. Depois deste tempo, acrescente os ingredientes para a segunda etapa, menos o chocolate meio amargo, e misture bem, formando a massa final da colomba. Sove até ficar uma massa lisa e elástica que não grude nas mãos. Depois, cubra com um plástico e deixe dobrar de volume. Abra a massa e misture pedaços pequenos de barra de chocolate meio amargo. Divida em duas partes, forme três rolos de cada uma: um grande e dois pequenos. Enquanto isso, prepare a cobertura, misturando os ingredientes indicados, e espalhe por cima da colomba. Coloque os rolos de massa em fôrma própria, passe a cobertura e deixe dobrar de volume. Tudo preparado, leve a colomba ao forno pré-aquecido até que, espetando um palito, este saia seco.

Cuca de nata

Para a massa:
½ xícara de leite
5 ovos
2 xícaras de açúcar
100g de manteiga
1 xícara de nata
raspas de 1 limão
200g de frutas cristalizadas
200g de passas de uva
2 cocadas picadas
2½ pacotes de fermento instantâneo
1 pitada de sal
1,3kg de farinha de trigo

Para a cobertura:
½ pacote de margarina
canela e açúcar

Para o preparo da massa, comece batendo os ovos inteiros na batedeira com o açúcar. Quando estiver um creme firme, coloque a mistura num prato fundo e acrescente uma pitada de sal. Aos poucos, vá colocando a farinha, a manteiga, a nata, o fermento, o leite e as raspas de limão. Quando a massa estiver pesada, retire do prato. Sove até ficar homogênea. Deixe descansar por 30 minutos. Depois volte a sovar a massa. Acrescente as passas, a cocada e as frutas cristalizadas. Deixar descansar por 3 horas em fôrmas bem untadas e enfarinhadas. A quantidade será suficiente para 3 fôrmas. Reserve. Enquanto isso, prepare a cobertura. Faça uma farofa com a manteiga, a canela e o açúcar. Misture bem.

Depois que as massas estiverem crescidas, pincele uma gema de ovo e espalhe a farofa por cima. Leve ao forno pré-aquecido por 40 minutos. Retire do forno, deixe esfriar um pouco, e sirva.

Cuca das Gêmeas

Para a "farofa":
350g farinha de trigo (cerca de 2½ xícaras)
3 colheres de sopa de maisena
1 colher de sopa de fermento em pó
1 ovo inteiro
1 xícara de açúcar
100g de margarina

Para o recheio:
1 lata de leite condensado
2 latas de leite
1 caixa de creme de leite
2 gemas
2½ colheres de sopa de maisena

Misture todos os ingredientes da "farofa" e reserve. Misture os ingredientes do recheio e leve ao fogo, mexendo até ficar cremoso. Num refratário retangular, previamente untado, coloque a metade da farofa. Depois coloque o recheio, frio. Por cima, espalhe o restante da farofa. Leve ao forno por 20 minutos e/ou o tempo suficiente para deixar dourado por cima.

Arroz-de-leite com laranja

1½ xícara de arroz branco
¾ de litro de leite
3 ovos
1 colher de chá de manteiga
1 pedaço de canela em casca
1 xícara de água
1 xícara de suco de laranja
6 colheres de sopa de açúcar

Coloque o arroz com a água para cozinhar. Quando a água for totalmente absorvida pelo arroz, coloque o leite, a manteiga, 2 colheres de açúcar e canela em casca e vá mexendo de vez em quando para não grudar no fundo da panela. Deixe no fogo até o arroz ficar bem cozido. Em uma tigela à parte, bata as gemas com as 4 colheres de açúcar até formar uma gemada bem clara, acrescente o suco de laranja e misture bem. Junte tudo ao arroz já pronto, misturando bem. Bata as claras em neve (sem açúcar) e misture delicadamente ao arroz. Está pronto. Leve ao refrigerador e sirva bem gelado.

Palitos de chocolate

1 pacote de biscoitos em palito do tipo plic-plac

Para a cobertura:
1 xícara de açúcar
5 colheres de sopa de chocolate em pó
5 colheres de sopa de água ou leite
2 colheres de sopa de óleo
1 colher de sopa de margarina

Utilize uma panela de tamanho grande. Misture os ingredientes da cobertura e leve ao fogo. Deixe ferver por cerca de 4 minutos, mexendo sempre, até formar uma calda grossa. Acrescente os biscoitos, envolvendo-os na calda. Espalhe-os em uma fôrma e deixe esfriar. Ficarão secos e cobertos com uma camada de chocolate.

Minicrepe de banana caramelada

Para a massa:
1 xícara de farinha de trigo
1 pitada de sal
2 ovos
1 $^1/_3$ de xícara de leite
3 colheres de chá de manteiga sem sal derretida
óleo para fritar

Peneire a farinha de trigo e bata no liqüidificador com os demais ingredientes. Aqueça uma frigideira antiaderente com 15cm de diâmetro, levemente untada, e despeje 2 a 3 colheres de sopa da massa. Gire a frigideira para cobri-la com uma camada fina de massa. Frite por um minuto, vire o crepe e doure do outro lado por 30 segundos. Proceda assim até terminar a massa. Reserve os crepes. A massa pronta pode ser guardada na geladeira por aproximadamente 5 dias.

Para a calda:
3 xícaras de chocolate em pó
1 xícara de água
¾ de xícara de açúcar

Para as bananas carameladas:
10 bananas-prata cortadas ao meio no sentido do comprimento
1 xícara de açúcar mascavo
½ xícara de suco de laranja
2 colheres de sopa de manteiga sem sal

Calda de chocolate – Misture todos os ingredientes numa panela e leve para engrossar em fogo baixo, mexendo sempre com uma colher de pau.

Bananas carameladas – Numa panela faça o caramelo com o açúcar. Junte o suco de laranja e a manteiga. Mergulhe rapidamente as bananas na calda.

Montagem – Recheie a massa aberta com um pouco da calda de chocolate (como se passa geléia no pão) e dobre-a, formando minitriângulos. Coloque um crepe em cada prato. Arrume as bananas carameladas em volta e regue com a calda de chocolate. Deve ser servido quente e pode ser acompanhado de uma bola de sorvete de creme.

Montanha-russa

½ litro de leite
1 colher de chá de açúcar de baunilha
1 colher de chá de manteiga
3 ovos
250g de ameixas pretas sem caroço
3 colheres de sopa de amido de milho
2 xícaras de água
12 colheres de açúcar mais 1 xícara de açúcar
½ xícara de água mais 1½ xícara de água

Leve ao fogo o leite com 6 colheres das de sopa de açúcar e a manteiga. Misture numa tigela o amido de milho com ½ xícara de água e as gemas e mexa bem. Quando o leite ferver, retire-o do fogo, adicione-lhe a mistura anterior, bata bem e acrescente o açúcar baunilha. Volte ao fogo para engrossar, despeje em um prato onde serão montadas as camadas do doce. À parte, cozinhe as ameixas sem caroço com 1½ xícara de água e 1 xícara de açúcar, deixe engrossar um pouco. Acrescente as ameixas em cima do creme anterior. Misture as claras com as 6 colheres de açúcar e leve ao fogo em banho-maria até aquecê-las. Logo, após leve à batedeira e bata até que as claras fiquem bem firmes. Despeje as claras em neve em cima da camada do creme de ameixas. Leve à geladeira e sirva bem gelado.

Palha italiana

200g de bolachas Maria
1 lata de leite condensado
1 colher de sopa de manteiga
3 colheres de sopa de chocolate em pó

Coloque em uma panela o leite condensado, a margarina e o chocolate, mexendo sempre até engrossar e desgrudar do fundo da panela. Ao engrossar, adicione as bolachas esfareladas irregularmente, mexa mais, até ficar bem misturado. Despeje em um prato retangular untado previamente, deixe esfriar e corte em quadradinhos pequenos. Sirva frio. É um ótimo acompanhamento para um lanche.

Sopa doce de cerveja
(6 pessoas)

3 xícaras de cerveja
3 xícaras de leite
3 gemas
1 xícara de açúcar
2 colheres de maisena
canela em pó para polvilhar

Coloque a cerveja numa panela e leve ao fogo. Deixe ferver por três minutos. Retire do fogo. No liqüidificador, bata as gemas, o leite, o açúcar e a maisena. Coloque a mistura na panela junto com a cerveja e mexa até engrossar. Sirva bem quente, polvilhada com canela.

Delícia de chocolate da Dona Dione

Para a massa:
1 xícara de farinha de trigo
1 xícara de açúcar
½ xícara de leite morno
3 colheres de sopa de chocolate em pó
2 colheres de sopa de manteiga derretida
1 colher de sopa de fermento em pó

Para a calda:
3 xícaras de água quente
1 xícara de açúcar
5 colheres de sopa de chocolate em pó

Prepare a massa batendo o açúcar com a manteiga derretida. Acrescente o leite morno, a farinha e os demais ingredientes.

Reserve. Enquanto isso, prepare a calda. Coloque em um prato refratário a água quente, o açúcar e o chocolate em pó. Misture para que fique uniforme. A seguir, pingue colheradas da massa nesta calda. Leve ao forno previamente aquecido em temperatura média por mais ou menos meia hora. Sirva quente com sorvete de creme.

Doce de ovos moles da Circe

6 gemas passadas na peneira
2 xícaras de açúcar
1 xícara de água
canela em pó
vinho do porto
merengada ou chantilly

No fogo, uma panela com a água e o açúcar. Deixe ferver até virar calda. Retire do fogo e misture as gemas, mexendo sempre. Volte ao fogo para engrossar. Então retire do fogo novamente e deixe esfriar.

Coloque em taças pequenas para servir. Opcionalmente, derrame sobre cada taça uma ou duas colheres de vinho do porto, decorando com merengada ou creme chantilly, e polvilhando com canela.

Doce de ovos moles da dra. Linda

12 gemas passadas na peneira
10 colheres de água
20 colheres de açúcar
100ml de leite de coco
canela em pó
vinho do porto
merengada ou chantilly

Bata no liqüidificador as gemas, a água, o açúcar e o leite de coco e leve essa mistura liquidificada ao fogo, numa panela, mexendo sempre com uma colher de pau, até engrossar. Tire do fogo e deixe esfriar. Depois, coloque em taças. Também aqui, opcionalmente, derrame sobre cada taça uma ou duas colheres de vinho do porto, decorando com merengada ou creme chantilly, e polvilhando com canela.

Pudim de laranja à moda tradicional

2 copos de suco de laranja
½ copo de leite de vaca
2 copos de açúcar para a mistura do pudim
6 colheres de sopa de açúcar para caramelizar a fôrma
6 ovos inteiros
2 colheres de farinha de trigo
raspa de casca de laranja

Liqüidifique todos os ingredientes. Leve ao fogo brando a fôrma de pudim com as 6 colheres de açúcar, para caramelizá-la. Desligue o fogo. Despeje na fôrma caramelizada a mistura liqüidificada e leve ao fogo, em banho-maria, por aproximadamente 50 minutos. Depois de pronto, deixe a fôrma com o pudim esfriar e gelar. Desenforme bem gelado.

Sugestão de calda opcional para servir junto com o pudim: Leve ao fogo 1 copo de suco de laranja com ½ copo de açúcar. Ferva até engrossar. Depois, deixe esfriar e leve à geladeira para gelar bem e sirva junto com o pudim.

Pavê de abacaxi e chocolate

Para o pavê:
1 abacaxi natural previamente fervido (ou 1 lata de abacaxi em calda, sem a calda)
1 lata de leite condensado
1 lata de creme de leite
2 pacotinhos de gelatina em pó sem sabor
1 pacote grande de biscoito champanhe
3 copos de leite

Para a cobertura de chocolate:
2 latas de creme de leite com o soro
250g de chocolate meio amargo em barra

Misture a gelatina com 10 colheres de água e deixe descansar por 10 minutos. Leve ao fogo ligeiramente, até que fique bem diluída. Liqüidifique o abacaxi, o leite condensado e o creme de leite com a gelatina diluída, formando um creme homogêneo.

Cubra o fundo de um prato refratário com uma camada de biscoitos champanhe umedecidos no leite. Sobre esta camada de biscoitos, derrame o creme batido no liqüidificador. Sobre a camada de creme monte outra camada de biscoitos champanhe. Faça a cobertura: leve o chocolate a uma panela em banho-maria, derretendo-o com cuidado. Quando estiver totalmente derretido, acrescente o creme de leite, misturando bem. Derrame sobre a última camada de biscoitos champanhe o chocolate derretido. Leve à geladeira por umas 3 horas. Sirva bem gelado.

Pecado mortal

1 abacaxi
1 copo de água
1 copo de açúcar
1 caixa de pó para pudim sabor baunilha
1 lata de creme de leite

Corte o abacaxi em cubos pequenos e deixe descansar por 2 ou 3 horas num recipiente com a água e o açúcar. Depois, separe do abacaxi o caldo resultante e leve ao fogo apenas o caldo, adicionando o pó para pudim e mexendo bem. Quando engrossar, desligue, acrescentando os cubos de abacaxi. Deixe esfriar e agregue o creme de leite sem o soro, misturando bem. Sirva gelado.

Pedacinho do céu

6 ovos
6 colheres de açúcar

1 lata pequena de abacaxi
4 folhas de gelatina branca
250g de nata batida

Bata as gemas com o açúcar até o ponto de gemada. Bata as claras até o ponto de neve. Leve o caldo de abacaxi para ferver. Parta as folhas de gelatina e despeje o caldo do abacaxi fervendo sobre elas, misturando até desmanchar bem. Pique o abacaxi em cubinhos e adicione a nata batida. Quando o caldo de abacaxi estiver frio, junte a gemada, misturando muito bem. Acrescente a esta mistura o abacaxi com a nata batida e as claras batidas. Misture tudo e leve para gelar.

Pão-de-ló de frutas

Para o pão-de-ló:
4 claras
4 gemas
8 colheres de sopa de açúcar
8 colheres de sopa rasas de farinha de trigo

10g de fermento em pó para bolo
1 pacote de fermento

Para a calda e cobertura:
2 xícaras de açúcar
abacaxi em compota fatiado
pêssego em compota fatiado
figos em compota fatiados
1 copo de suco de laranja

Caramelize uma fôrma redonda ou oval (de preferência antiaderente) com 2 xícaras de açúcar. Para isso, leve a fôrma ao fogo e deixe o açúcar derreter, sem mexer com colher. Quando a calda estiver no ponto, retire do fogo e movimente a fôrma com cuidado de maneira a espalhá-la bem, caramelizando a fôrma uniformemente, por todos os lados. Reserve.

Faça um revestimento com as fatias de abacaxi, figo e pêssego no fundo da fôrma caramelizada e reserve.

Para fazer a massa do pão-de-ló, bata na batedeira primeiro as claras. Quando estiverem em ponto de neve, vá acrescentando o açúcar aos poucos, sempre batendo na batedeira. Depois, coloque as gemas, o fermento e a farinha. Bata mais, até a mistura ficar homogênea, resultando na massa do pão-de-ló. Derrame essa massa do pão-de-ló na fôrma caramelizada, espalhando-a sobre a camada de abacaxi, pêssegos e figos, e leve ao forno com temperatura média por mais ou menos 40 minutos. Ao retirar do forno, desenforme ainda quente, virando-o imediatamente sobre um prato. Aguarde um pouco para que desça todo o caramelo. Ainda quente, regue com o suco de laranja, que vai ser absorvido pelo pão-de-ló, realçando o toque de frutas. A camada de abacaxi, pêssegos e figos vai ficar por cima, dando um belo efeito. Sirva com nata ou sorvete de creme!

Gelado de morango

2 caixinhas de morangos
2 pacotes de merenguinhos (suspiros)
2 latas ou caixinhas de creme de leite
2 colheres de sopa de açúcar

Lave os morangos (só depois retire os talinhos) e corte-os em quatro partes. Quebre alguns merenguinhos e deixe outros inteiros. Misture bem com os morangos. Coloque em um prato grande todos os ingredientes e misture-os delicadamente. Sirva gelado.

Calda de morangos (opcional) – Misture meia caixa de moranguinhos com 6 colheres de açúcar e 1 colher de chá de farinha de trigo. Liqüidifique tudo, acrescentando um copo de vinho tinto, e bata bem. Leve ao fogo brando, mexendo sempre, até que engrosse. Esta calda pode ser servida quente ou fria sobre as porções do gelado de morango.

Loucuras de morango

Para a primeira camada (base de claras levemente cozidas):
5 claras
10 colheres de sopa de açúcar

Bata as claras em neve e acrescente, aos poucos, o açúcar. Até ficar firme! Coloque num prato refratário e leve ao forno por 10 minutos. Retire do forno e reserve.

Segunda camada (ovos moles com coco):
12 gemas passadas na peneira
20 colheres de sopa de açúcar
10 colheres de sopa de água
100ml de leite de coco

Bata tudo no liqüidificador. Depois, numa panela, deixe ferver, misturando sempre, até engrossar. Espalhe essa camada por cima do merengue.

Terceira camada (morangos):
2 caixas de morangos

Corte os morangos e arrume-os por cima dos ovos moles.

Quarta camada (chocolate):
3 colheres de sopa de chocolate
6 colheres de sopa de açúcar
2 colheres de sopa de leite
1 colher de sopa de manteiga

Misture tudo numa panela até engrossar, formando uma calda espessa de chocolate. Espalhe essa calda de chocolate entre os morangos.

Leite de bode

1 litro de leite de vaca
4 ramas de canela
12 cravos-da-índia
1 colher de sobremesa de erva-doce em grãos
1 pedaço pequeno de gengibre
1 pitada de noz-moscada ralada
1 xícara de chá de açúcar
½ xícara de chá de água
1 cálice de conhaque (opcional)
chantilly e canela em pó para acompanhar

Numa panela, ferva o leite com a noz-moscada, o gengibre, a erva-doce, os cravos, as ramas de canela e as gemas, mexendo sempre, até abrir fervura. Reserve. Em outra panela, ferva o açúcar com a água até formar uma calda grossa. Acrescente o leite fervido com as especiarias, que estava reservado, e deixe no fogo até levantar fervura novamente. Desligue o fogo e, opcionalmente, acrescente 1 cálice de conhaque. Coe e sirva bem quente, numa xícara com a borda coberta por chantilly e canela.

Torta light de ricota com limão

2 xícaras de ricota fresca
4 colheres de sopa de adoçante próprio para ir ao fogo
3 ovos
1 xícara de farinha de trigo
1 xícara de leite desnatado
3 colheres de sopa de damasco seco cortado em cubos (opcional)
3 colheres de sopa de limão sem casca picado em gomos pequenos
2 colheres de casca de limão ralada

Para untar a fôrma:
1 colher de sopa de margarina light
1 colher de sopa de farinha de trigo

Para decorar:
1 colher de sopa de sementes de papoula (opcional)
folhas de limão
casca de limão ralada

Bata no liqüidificador a ricota, o adoçante, os ovos, a farinha de trigo e o leite até obter um creme homogêneo. Coloque a mistura numa vasilha e acrescente o damasco (opcional), o limão picado em gomos e a casca ralada. Misture bem. Unte uma fôrma redonda de fundo removível com margarina e enfarinhe. Coloque a massa na fôrma e leve para assar em forno médio por aproximadamente 40 minutos ou até dourar. Retire do forno e deixe esfriar. Desenforme, polvilhe com as sementes de papoula e decore com as folhas de limão.
Tempo de preparo aproximado: 1 hora
Rende: 10 fatias (60g cada)
Calorias por fatia: 105

Bolo sem farinha

Para a massa:
6 ovos inteiros
6 colheres de sopa de cacau em pó sem açúcar
2 colheres de sopa de margarina
8 colheres de sopa de açúcar
1 colher de sopa de fermento em pó
100g de coco ralado (fino)
margarina ou óleo para untar
farinha de trigo

Para a cobertura:
1 lata de creme de leite com soro
4 colheres de Nescau

Para fazer a massa, leve os ingredientes ao liqüidificador e bata bem. Ponha em primeiro lugar os ovos e a margarina para facilitar. Unte uma fôrma com margarina ou óleo, enfarinhe com farinha de trigo, e nela despeje a massa. Leve ao forno médio (180 graus) por aproximadamente 30 minutos. Desenforme frio. Enquanto isto, prepare a cobertura. Misture o creme de leite e o Nescau e leve ao fogo baixo, mexendo sempre, até que comece a ferver, engrossando. Retire do fogo e espalhe sobre o bolo já desenformado.

Torta de sorvete

Para o sorvete:
1 lata de leite condensado
1 lata de creme de leite
2 latas de leite de vaca
1 colher de sopa bem cheia de maisena
5 gemas
5 claras
5 colheres de açúcar

Para a montagem da torta:
biscoitos champanhe
leite para umedecer as bolachas
merenguinhos (desses que se compra em saquinhos)
calda de chocolate para sorvete

O sorvete – Leve ao liqüidificador o leite condensado, o leite, a maisena, as gemas e liqüidifique bem. Logo após, leve ao fogo e deixe engrossar no fogo baixo, mexendo sempre. Reserve.

Na batedeira, bata as claras em neve, acrescentando o açúcar, para fazer uma merengada consistente. Acrescente a ela o creme de leite com soro, mexendo delicadamente, até que as claras fiquem completamente misturadas com o creme de leite. Misture os dois cremes.

Comece a montar a torta. Em uma fôrma com o fundo removível (bem alta), acomode os biscoitos champanhe já umedecidos no leite, até cobrir o fundo dela. Logo após, despeje o sorvete já preparado por cima deles e disponha os merenguinhos de tal maneira que fiquem levemente submersos no sorvete, formando uma espécie de coroa que reveste toda a superfície da torta. Em seguida, acrescente a calda de chocolate em fios. Leve ao freezer e só retire quando estiver firme, na hora de servir, momento em que poderá ser regada com um pouco mais da cobertura de chocolate.

Torta fácil de maçã

2 xícaras de farinha de trigo
1 xícara de margarina
¾ de xícara de açúcar
1 colher de sopa de casca de limão ralada
½ colher de sopa de fermento químico para bolo
2 ovos inteiros
3 maçãs sem casca e sem sementes, cortadas em fatias finas

Para polvilhar:
¼ de xícara de açúcar
1 colher de chá de canela

Bata a margarina com o açúcar até formar um creme esbranquiçado. Acrescente os ovos inteiros e bata mais um pouco. Misture o fermento com a farinha e adicione-os à massa de ovos. Junte a casca de limão e bata bem. Aqueça o forno em temperatura alta. Unte uma fôrma e espalhe a massa nela. Arrume as fatias de maçã ligeiramente sobrepostas, em círculos, sobre a massa. Polvilhe o açúcar com canela sobre as fatias de maçã e leve ao forno por aproximadamente 45 minutos ou até dourar levemente. Desenforme e, se desejar, polvilhe mais açúcar sobre a torta.

Pudim de chocolate

1 xícara de chá de café pronto
¼ de litro de leite
200g de chocolate meio amargo em barra
10 folhas de gelatina incolor
250g de açúcar
6 gemas
6 claras em neve

Numa panela, leve ao fogo o leite, o café e a barra de chocolate, para derreter o chocolate. Reserve.

Dilua a gelatina num pouco de água morna. Reserve.

Enquanto isso, bata as gemas como gemada e, separadamente, as claras em neve com açúcar até fazer uma merengada.

A seguir, fora do fogo, agregue a gelatina diluída e a gemada à panela da mistura de chocolate-café-leite. Por último, misture a tudo isso as 6 claras em neve, delicadamente, até obter um creme homogêneo. Coloque em uma fôrma e deixe gelar por 4 horas.

Bolo de cenoura

Para a massa:
3 cenouras médias
1 xícara de óleo
4 ovos inteiros
1 pacote de fermento para bolo
2 xícaras de açúcar
2 xícaras de farinha de trigo

Para a cobertura:
6 colheres de acúcar
3 colheres de chocolate em pó
2 colheres de leite
1 colher de sopa de manteiga

Bata no liqüidificador as cenouras, o óleo e os ovos inteiros. Logo após, coloque a mistura num recipiente e acrescente as 2 xícaras de açúcar, a farinha de trigo e o fermento, todos peneirados juntos. Bata bem até que a massa fique homogênea. Unte e enfarinhe uma fôrma de pudim ou outra fôrma que tenha "cone" no meio. Coloque a mistura na fôrma e leve ao forno pré-aquecido. Deixe assar por aproximadamente 40 a 50 minutos em forno médio, dependendo do forno. Para saber se o bolo está realmente pronto, enfie um palito. Se este sair limpo, é porque o bolo está pronto. Aguarde até amornar para desenformá-lo.

Enquanto isso, prepare a calda para a cobertura. Em uma panela, dê preferência àquelas de fundo mais grosso, misture todos os ingredientes e leve ao fogo brando, mexendo sempre, até engrossar. Despeje a calda por cima do bolo e sirva!

Sugestão: o bolo fica uma delícia (e bem coberto) se forem feitas duas medidas de cobertura.

Torta de morangos com chocolate

2 xícaras de morangos
200g de chocolate meio amargo ralado
1 caixa de creme de leite
2 colheres de sopa de maisena
1 lata de leite condensado
1 lata de leite (medida da lata de leite condensado)
1 colheres de sopa de manteiga

Corte os morangos e forre o fundo de uma travessa. Reserve alguns para enfeitar a torta no final. Bata no liqüidificador o leite condensado, o leite e a maisena e depois leve ao fogo numa panela com 1 colher de manteiga, mexendo sempre, até que engrosse e forme um creme claro. Despeje esse creme por cima dos morangos na travessa. Reserve. Enquanto isso, derreta o chocolate em banho-maria, misture o creme de leite, mexendo sempre, até ficar uma mistura homogênea. Derrame este creme na travessa por cima do creme claro. Enfeite com os morangos e deixe gelar. O creme claro e o creme de chocolate, depois de gelados, vão ficar firmes.

Camadas tentadoras de morangos

Esta é uma nova versão da receita das "Camadas tentadoras" (publicada no livro 233 Receitas do Anonymus Gourmet, L&PM, p. 154), *com vários ingredientes bem diferentes. Nesta nova versão, o destaque são os morangos. No total, são cinco camadas, assim organizadas, com os respectivos ingredientes:*

Para a primeira camada:
5 claras
10 colheres das de sopa de açúcar

Bata as claras em neve e acrescente aos poucos o açúcar. Quando o merengue estiver bem firme, coloque em um prato grande refratário e asse em forno médio por aproximadamente 10 minutos. Não deve ficar corado. Tire do forno e deixe esfriar.

Para a segunda camada:
1 lata de leite condensado
1 lata de creme de leite
4 gemas

Bata todos os ingredientes no liqüidificador e logo após leve ao fogo brando em uma panela, mexendo sempre. Quando engrossar, estará pronto. Despeje ainda quente sobre o merengue frio.

Para a terceira camada:
10 colheres de água
20 colheres de açúcar
12 gemas passadas na peneira
½ garrafinha de leite de coco

Esta é a camada de ovos moles com coco. Há dois métodos para prepará-la.

Método tradicional – Faça a calda com o açúcar, a água e o leite de coco. Quando a calda estiver grossa retire do fogo, deixe esfriar um pouco e depois coloque as gemas peneiradas. Misture bem e leve ao fogo novamente até engrossar bem.

Método simplificado – Bata tudo no liqüidificador. Depois, numa panela, deixe ferver, misturando sempre, até engrossar. Espalhe essa camada por cima do merengue. Despeje em cima do creme no refratário.

Para a quarta camada:
2 caixinhas de morangos frescos

Lave os morangos com os talos. Logo após retire os talos e corte-os ao meio. Disponha os morangos em cima da camada dos ovos moles.

Para a quinta camada:
5 claras
10 colheres de sopa de açúcar
1 lata de creme de leite sem soro

Bata as claras em neve e acrescente aos poucos o açúcar. Quando o merengue estiver bem firme, acrescente o creme de leite sem soro e misture delicadamente. Logo após despeje em cima dos morangos. Está pronto o doce. Leve à geladeira por aproximadamente 3 horas e sirva.

Doce de bananas da tia Lourdes

8 bananas (caturra)
3 colheres de sopa de manteiga
4 claras
4 gemas
16 colheres de açúcar
canela em pó

Corte as bananas ao meio (no comprimento), e doure-as na manteiga. Faça uma gemada com as gemas e 8 colheres de açúcar e despeje sobre as bananas já acomodadas num prato refratário. Bata as claras com o açúcar, fazendo uma merengada bem consistente, e coloque no refratário, por cima das bananas e da gemada. Polvilhe essa camada superior de merengue com canela e leve ao forno médio por aproximadamente 20 minutos. É uma sobremesa simples, mas saborosa e de grande efeito.

Torta Circe com maçãs

6 ou 7 maçãs fuji
1½ xícara de açúcar
1½ xícara de farinha de trigo
10g de fermento em pó
4 ovos inteiros
3 colheres de sopa de margarina

Para cobrir:
1 xícara de açúcar
3 colheres de canela em pó

Peneire o açúcar, a farinha de trigo e o fermento em pó juntos, misture bem e reserve. Descasque as maçãs e corte-as em fatias bem finas. Unte uma fôrma redonda com margarina e faça a primeira camada de maçãs, logo após coloque uma camada fina da mistura que está reservada, e vá alternando as camadas: maçãs, mistura de farinha, maçãs, farinha... A última camada deve ser de maçã (aproximadamente 5 ou 6 camadas). Bata os ovos junto com a margarina derretida e coloque em cima da última camada, faça uns furos para que os ovos penetrem no meio das camadas. Misture o açúcar e a canela e despeje por cima desta camada de ovos. Leve ao forno médio, pré-aquecido, por aproximadamente 40 minutos.

Bombom de morango

1 caixinha de morangos frescos bem vermelhos
1 lata de leite condensado
1 colher de sopa de manteiga
400g de chocolate meio amargo

Leve ao fogo brando o leite condensado com a manteiga, mexendo sempre. Vai resultar numa massa que estará pronta quando desgrudar totalmente do fundo da panela. Deixe esfriar. Quando a massa estiver fria, enrole cada um dos morangos em pequenas porções dessa massa, modelando com as mãos o formato de um bombom. É indispensável untar bem as mãos com manteiga. Organize-os sobre uma pedra lisa ou bandeja. Reserve. A seguir, o chocolate. O chocolate deverá ser derretido em banho-maria. Quando estiver totalmente derretido, passe as bolinhas nele e coloque-as para esfriar em um tabuleiro. Quando esfriar e o chocolate ficar sólido, estarão prontos os bombons.

Rocambole de goiabada

Para a massa:
4 ovos inteiros
5 colheres de sopa de açúcar
6 colheres de sopa de farinha de trigo

1 colher de chá de fermento para bolo
1 pitada de sal

Para o recheio:
1 pacote de goiabada
4 colheres de água

    Bata, manualmente, numa tigela os ovos inteiros com o açúcar e o sal, acrescentando depois a farinha e o fermento peneirados juntos. Fica uma massa macia, que deve ser dividida, antes de assar, em dois ou três pratos (tipo "pirex"), quadrados, de bom tamanho. Deixe a massa bem fininha para que o rocambole não fique difícil de enrolar. Essa massa deve ser levada ao forno médio por aproximadamente 10/15 minutos. Não deve ficar corada. Depois de pronta, espere amornar para retirar do prato. Então coloque-a sobre um pano de prato estendido, previamente polvilhado com açúcar. Enquanto isso, faça o recheio. Corte os pedaços de goiabada e leve ao fogo brando junto com a água até dissolver bem. Logo após, passe por cima da massa e vá enrolando o rocambole com a ajuda do pano de prato. Corte as pontas da massa, para dar um acabamento ao rocambole. Opcionalmente, em vez da goiabada, você pode utilizar uma boa geléia de frutas.

Quindão

6 ovos inteiros
4 gemas
200ml de leite de coco
100g de coco ralado
100g de manteiga
3 xícaras de açúcar

Misture o leite de coco ao coco ralado, para hidratar o coco. Reserve. Derreta a manteiga em banho-maria e reserve para que esfrie. Peneire os 6 ovos inteiros e depois acrescente as 4 gemas. Numa tigela de bom tamanho, misture os ovos inteiros e as gemas separadas. Adicione o açúcar e, logo após, a manteiga já derretida. Junte o coco, que deverá estar hidratado. Misture bem, mas sem usar a batedeira. Com isso, a massa do quindão está pronta. Unte uma fôrma e polvilhe com um pouco de açúcar. Coloque a mistura nela e leve ao forno em banho-maria. Deixe assar por aproximadamente 45 minutos. Espere esfriar um pouco para desenformar e sirva!

Bolo de frutas

1½ xícara de manteiga sem sal
1½ xícara de açúcar refinado
1½ xícara de açúcar mascavo
7 ovos
½ xícara de glicose de milho (Karo)
600g de passas de uva sem sementes
200g de frutas cristalizadas
40g de cerejas em calda escorridas e picadas
2½ xícaras farinha de trigo peneirada
¼ de xícara de rum
1 colher de sopa de cacau em pó
1 colher de chá de cravo-da-índia em pó

1 colher de chá de canela em pó
1 colher de chá de gengibre em pó
1 pitada de noz-moscada

Na tigela da batedeira, coloque a manteiga e o açúcar refinado. Bata bem até ficar um creme bem claro e macio. Adicione o açúcar mascavo e bata mais um pouco. Junte os ovos um a um, adicione o Karo, e bata mais um pouco.

Em outra vasilha, misture as frutas cristalizadas, as passas, as cerejas e salpique a farinha de trigo peneirada. Mexa tudo com as mãos, formando uma espécie de farofa (esse processo garante que as frutas não irão se concentrar no fundo do bolo depois de assado).

Vire o creme feito inicialmente sobre as frutas, junte o rum, o cacau, o cravo, a canela, o gengibre e a noz-moscada, mexendo sempre com uma colher. Coloque a mistura numa assadeira redonda ou em fôrmas de bolo inglês untadas e asse em forno moderado (180 graus), pré-aquecido, por cerca de uma hora. Deixe esfriar e desenforme.

O bolo se mantém por mais de 30 dias, mesmo sem levar conservantes ou aditivos químicos na massa.

Sirva-o cortado para valorizar o recheio de frutas.

Rendimento: 2 bolos de 1kg

Sopa inglesa
(6 pessoas)

Surpresa: a Sopa inglesa não é sopa. É uma torta doce e muito gostosa, com várias camadas e etapas, mas é fácil de fazer.

Para o creme de ovos:
3 gemas
2 colheres de açúcar
1 colher de sopa de maisena
2 xícaras de leite

Para o creme de chocolate:
1 copo de leite
1 xícara de chocolate em pó
1 colher de sopa de manteiga

1 colher de sopa de açúcar
1 colher de sobremesa rasa de maisena

Para a montagem:
350g de biscoitos champanhe
1 xícara de chá de vinho tipo marsala ou tipo madeira (doce)
nozes ou cerejas ao marasquino para decorar

O creme de ovos – Primeiro bata as gemas com o açúcar, junte a maisena e misture bem. Depois, aqueça o leite até levantar fervura e despeje-o sobre essa mistura das gemas, mexendo bem. Leve de volta ao fogo brando, mexendo sem parar com uma colher de pau, e cozinhe até que a mistura adquira uma consistência cremosa.

O creme de chocolate – Bata no liqüidificador o leite, o chocolate, a maisena e o açúcar. Acrescente a manteiga e leve ao fogo brando por alguns minutos, mexendo sempre, até o creme engrossar um pouco.

A montagem – Arrume metade dos biscoitos no fundo de uma fôrma refratária e derrame um pouco do vinho marsala, que vai ser absorvido pelos biscoitos. Espalhe o creme de ovos por cima. Sobre o creme de ovos, mais uma camada de biscoitos e mais um pouco de vinho. A seguir, espalhe o creme de chocolate, recobrindo completamente os biscoitos. Para dar o acabamento da sopa inglesa, você pode usar nozes ou cerejas arrumadas sobre a superfície de chocolate.

Torta de bombom

Esta receita de torta de bombom é simples e de grande efeito. A torta é montada em três camadas, numa travessa grande do tipo "pirex": na base, uma camada de creme branco; depois os bombons e, por cima, o creme de chocolate.

Para o creme branco:
1 lata de leite condensado
1 lata de creme de leite com soro

2 latas de leite
3 colheres de maisena
3 gemas

Para a camada de bombons:
15 bombons

Para a cobertura de chocolate:
500g de chocolate meio amargo
2 latas de creme de leite com soro

    Misture todos os ingredientes para o creme branco no liqüidificador e leve ao fogo brando, mexendo sempre com uma colher de pau, até engrossar. Espalhe este creme em uma travessa grande e sobre ele uma camada de bombons picados. Para a cobertura, leve o chocolate ao fogo em banho-maria e, quando estiver derretido, acrescente o creme de leite. Mexa bem até que fique um creme homogêneo. Espalhe este creme em cima dos bombons. Logo após, pique mais 4 bombons e espalhe sobre o creme de chocolate para dar o acabamento. Sirva a torta bem gelada.

Torta gelada de bombom

É uma versão ampliada e mais complexa da receita anterior, da Torta de bombom. Tem quatro camadas, uma a mais do que a anterior: esta tem uma camada final "de neve", que vai por cima de tudo.

Para o creme branco:
1 lata de leite condensado
1½ lata de leite
2 colheres de sopa de maisena
3 gemas
1 colher de chá de manteiga ou margarina

Para o creme de chocolate:
1½ lata de leite
4 colheres de sopa de chocolate em pó
2 colheres de sopa de açúcar
1 colher de sopa de maisena
1 colher de chá de manteiga ou margarina

Para a camada de bombons:
12 ou 15 bombons picados (sonho de valsa, ouro branco, amor carioca, bis lacta etc)

Para a camada de neve:
3 claras
4 colheres de sopa de açúcar
4 colheres de sopa de nata fresca ou 1 lata de creme de leite

Bata os ingredientes para o creme branco no liqüidificador e depois leve ao fogo brando, mexendo sempre até engrossar. Espalhe este creme em um prato grande.

Misture todos os ingredientes para o creme de chocolate e leve ao fogo brando, mexendo sempre, até engrossar. Coloque-o sobre o creme branco.

Sobre a camada de creme de chocolate, coloque os bombons picados.

Para a camada de neve, bata na batedeira as claras até que fiquem firmes; quando firmarem, coloque o açúcar e bata mais um pouco. Quando estiverem bem firmes, desligue a batedeira e acrescente aos poucos a nata fresca ou o creme de leite sem o soro. Misture delicadamente e coloque sobre as demais camadas da torta. Polvilhe com um pouquinho de chocolate em pó ou então com os farelos dos bombons. Sirva bem gelada.

Quadrados saborosos

1 xícara de Karo
3 ovos inteiros
1 colher de chá de açúcar de baunilha
1 xícara de farinha de trigo
½ xícara de maisena
1 colher de chá de fermento em pó para bolo
3 xícaras de ameixas pretas sem caroço
1 xícara de coco ralado

Para a cobertura:
açúcar de confeiteiro

Numa tigela de bom tamanho, bata os ovos inteiros com o Karo, e logo acrescente o açúcar de baunilha. Peneire a farinha e a maisena juntamente com o fermento e misture bem. Depois acrescente as ameixas picadas e o coco ralado.

Unte e enfarinhe uma fôrma preferencialmente quadrada, despeje a massa e deixe assar por aproximadamente 30 minutos. Para verificar se está pronto, basta enfiar um palito: se este sair seco, os quadrados estarão prontos. Retire do forno e polvilhe com o açúcar de confeiteiro. Logo após, corte em quadrados do tamanho de sua preferência. Esta massa não cresce muito, portanto os quadrados ficam fininhos.

Manjar branco

1 lata de leite condensado
1 lata de creme de leite
250ml de leite de coco
24g de gelatina em pó
5 colheres de sopa de água

Para a calda:
ameixas pretas em calda sem caroço
1 xícara de água
2 colheres de sopa de açúcar

Dissolva a gelatina com as colheres

de água. Bata no liqüidificador o creme de leite, o leite condensado, a gelatina dissolvida e o leite de coco. Coloque tudo em uma fôrma molhada e leve à geladeira por 3 horas. Enquanto isso, faça a calda de ameixas. Bata uma parte delas sem caroço no liqüidificador. Misture com o restante das ameixas, a calda, a xícara de água e o açúcar. Ferva durante alguns minutos, até que a calda fique consistente. Deixe esfriar. Desenforme o manjar e decore com a calda de ameixas pretas.

Torta de biscoito com banana

1½ pacote de biscoitos *cream cracker*
7 bananas-prata
1½ xícara de óleo
4 ovos inteiros
3 xícaras de açúcar cristal
2 colheres de fermento em pó
1 colher de chá de sal
óleo para untar

Para polvilhar:
3 colheres de açúcar
1 colher de sopa de canela em pó

Triture os biscoitos no liqüidificador e peneire (devem render três xícaras). Reserve. Bata no liqüidificador quatro bananas, o óleo e os ovos, e junte aos biscoitos batidos. Acrescente o açúcar cristal, o fermento e o sal e misture bem. Despeje tudo numa assadeira de 22 x 35cm levemente untada com óleo. Cubra a massa com as bananas cortadas em rodelas. Asse em forno médio (180 graus), pré-aquecido, por uns 30 minutos. Retire do forno e polvilhe com açúcar misturado com a canela.

Pudim de limão com calda de uva

1 lata de leite condensado
2 xícaras de leite
½ xícara de suco de limão
4 ovos

Para a calda:
1½ xícara de suco de uva industrializado
½ xícara de água
2 colheres de sopa de maisena
2 colheres de sopa de açúcar

Em uma tigela, misture com um batedor de mão o leite condensado, o leite, o suco de limão e os ovos, até a massa ficar homogênea. Despeje na fôrma untada com margarina e leve ao forno em banho-maria por 1 hora. Retire, deixe amornar e leve à geladeira por aproximadamente 3 horas. Enquanto isto, prepare a calda: em uma panela, misture todos os ingredientes da calda e leve ao fogo médio, mexendo sempre com uma colher até ferver e engrossar. Desenforme o pudim passando uma faca ao redor da fôrma. Sirva gelado com a calda quente ou fria.

Índice de receitas

Arroz com javali / 94
Arroz de bacalhau / 90
Arroz de china pobre / 95
Arroz de china rica / 96
Arroz do peru / 92
Arroz piemontês / 91
Arroz putanesca / 98
Arroz-de-leite com laranja / 132
Batatas fritas à moda de Ramalho Ortigão / 75
Bifes à romana / 30
Bolinho de batata recheado / 71
Bolo de atum / 106
Bolo de cenoura / 159
Bolo de frutas / 171
Bolo sem farinha / 154
Bombom de morango / 167
Brócolis gratinados / 84
Cabelo de anjo com bacalhau / 20
Cachorrinho / 121
Caldo de carne / 116
Caldo de galinha / 114
Caldo de salmão / 113
Camadas tentadoras de morangos / 162
Canja de galinha / 112
Cappelletti ao forno / 18
Cappelletti com peru / 17
Carne ao vinho recheada com bacon / 36

Carreteiro de costelinha / 89
Colomba pascal / 127
Contrafilé à parmigiana / 33
Costela com molho de laranja / 24
Coxinhas bem temperadas / 60
Creme de milho / 62
Cuca das gêmeas / 131
Cuca de nata / 129
Delícia de chocolate da Dona Dione / 139
Doce de bananas da tia Lourdes / 165
Doce de ovos moles da Circe / 140
Doce de ovos moles da dra. Linda / 141
Empadão fácil de guisado / 87
Entrecôte recheado / 35
Espaguete com ervas / 21
Espaguete com molho de tomate / 16
Espinhaço / 43
Estrogonofe campeiro / 38
Falso risoto / 58
Farofa de banana / 78
Feijoada portuguesa / 68
Fettuccine light com molho de ameixas / 13
Fígado com manjericão / 63
Fígado com morangos ao vinho do porto / 64
Filé de frango com tomate seco / 61
Fios de carne com espaguete / 11
Forminhas de atum / 105
Frango à Marengo / 58
Frango com maçãs verdes da Dona Mimi / 54
Frango com molho de champanhe / 53
Frango com nata / 56
Frigideira de raviólis / 9

Fritada do papai / 79
Galantine de tomate / 81
Galinha dos 30 alhos / 51
Galinha gambá / 57
Gelado de morango / 148
Leite de bode / 151
Linguado ao catupiry / 107
Lombinho de porco com ameixas / 49
Loucuras de morango / 149
Macarrão rápido com tomate e manjericão / 14
Maionese de pêssegos / 82
Manjar branco / 180
Matambre do avesso em filme plástico / 25
Medalhões Biarritz / 27
Minicrepe de banana caramelada / 134
Montanha-russa / 136
"Paeja" rio-grandense / 99
Paella a la valenciana / 102
Palha italiana / 137
Palitos de chocolate / 133
Pão de canela / 125
Pão de fôrma com lingüiça e tomates secos / 120
Pão de laranja com goiabada / 123
Pão massinha / 126
Pão-de-ló de frutas / 146
Pãozinho de minuto / 122
Patê de fígado / 65
Pavê de abacaxi e chocolate / 143
Pecado mortal / 145
Pedacinho do céu / 145
Pernil com molho de coca-cola (ou pepsi-cola) / 42
Pernil derretido / 39

Picadinho Maria Luiza / 28
Polenta ao forno com sobras de churrasco / 69
Porco com molho de lima / 48
Pudim de chocolate / 158
Pudim de laranja à moda tradicional / 142
Pudim de limão com calda de uva / 182
Quadrados saborosos / 179
Quindão / 170
Rins ao molho madeira / 46
Rocambole de goiabada / 168
Salada de fígados de aves flambados ao conhaque / 66
Salada de macarrão light / 23
Salmão com molho bechamel e mostarda / 108
Salmão no forno / 111
Sopa de aipim / 117
Sopa de lentilhas / 119
Sopa doce de cerveja / 138
Sopa inglesa / 173
Steak au poivre (Bife com pimenta) / 31
Suflê fácil à calabresa / 83
Talharim al pesto / 22
Tomates gratinados com couve-flor / 86
Torta Circe com maçãs / 166
Torta de batata com recheio de frango / 77
Torta de biscoito com banana / 181
Torta de bombom / 175
Torta de morangos com chocolate / 161
Torta de mozarela / 73
Torta de sorvete / 155
Torta fácil de maçã / 157
Torta gelada de bombom / 177
Torta light de ricota com limão / 152

Coleção L&PM POCKET (LANÇAMENTOS MAIS RECENTES)

245. Marx - Vida & Obra – José A. Giannotti
246. Gênesis
247. Unidos para sempre – Ruth Rendell
248. A arte de amar – Ovídio
249. O sono eterno – Raymond Chandler
250. Novas receitas do Anonymous Gourmet – J.A.P.M.
251. A nova catacumba – Arthur Conan Doyle
252. Dr. Negro – Arthur Conan Doyle
253. Os voluntários – Moacyr Scliar
254. A bela adormecida – Irmãos Grimm
255. O príncipe sapo – Irmãos Grimm
256. Confissões e Memórias – H. Heine
257. Viva o Alegrete – Sergio Faraco
258. Vou estar esperando – R. Chandler
259. A senhora Beate e seu filho – Schnitzler
260. O ovo apunhalado – Caio Fernando Abreu
261. O ciclo das águas – Moacyr Scliar
262. Millôr Definitivo – Millôr Fernandes
264. Viagem ao centro da Terra – Júlio Verne
265. A dama do lago – Raymond Chandler
266. Caninos brancos – Jack London
267. O médico e o monstro – R. L. Stevenson
268. A tempestade – William Shakespeare
269. Assassinatos na rua Morgue – E. Allan Poe
270. 99 corruíras nanicas – Dalton Trevisan
271. Broquéis – Cruz e Sousa
272. Mês de cães danados – Moacyr Scliar
273. Anarquistas – vol. 1 – A idéia – G. Woodcock
274. Anarquistas - vol. 2 – O movimento – G Woodcock
275. Pai e filho, filho e pai – Moacyr Scliar
276. As aventuras de Tom Sawyer – Mark Twain
277. Muito barulho por nada – W. Shakespeare
278. Elogio da loucura – Erasmo
279. Autobiografia de Alice B. Toklas – G Stein
280. O chamado da floresta – J. London
281. Uma agulha para o diabo – Ruth Rendell
282. Verdes vales do fim do mundo – A. Bivar
283. Ovelhas negras – Caio Fernando Abreu
284. O fantasma de Canterville – O. Wilde
285. Receitas de Yayá Ribeiro – Celia Ribeiro
286. A galinha degolada – H. Quiroga
287. O último adeus de Sherlock Holmes – A. Conan Doyle
288. A. Gourmet em Histórias de cama & mesa – J. A. Pinheiro Machado
289. Topless – Martha Medeiros
290. Mais receitas do Anonymous Gourmet – J.A. Pinheiro Machado
291. Origens do discurso democrático – D. Schüler
292. Humor politicamente incorreto – Nani
293. O teatro do bem e do mal – E. Galeano
294. Garibaldi & Manoela – J. Guimarães
295. 10 dias que abalaram o mundo – John Reed
296. Numa fria – Charles Bukowski
297. Poesia de Florbela Espanca vol. 1
298. Poesia de Florbela Espanca vol. 2
299. Escreva certo – E. Oliveira e M. E. Bernd
300. O vermelho e o negro – Stendhal
301. Ecce homo – Friedrich Nietzsche
302. (7). Comer bem, sem culpa – Dr. Fernando Lucchese, A. Gourmet e Iotti
303. O livro de Cesário Verde – Cesário Verde
305. 100 receitas de macarrão – S. Lancellotti
306. 160 receitas de molhos – S. Lancellotti
307. 100 receitas light – H. e Â. Tonetto
308. 100 receitas de sobremesas – Celia Ribeiro
309. Mais de 100 dicas de churrasco – Leon Diziekaniak
310. 100 receitas de acompanhamentos – C. Cabeda
311. Honra ou vendetta – S. Lancellotti
312. A alma do homem sob o socialismo – Oscar Wilde
313. Tudo sobre Yôga – Mestre De Rose
314. Os varões assinalados – Tabajara Ruas
315. Édipo em Colono – Sófocles
316. Lisístrata – Aristófanes / trad. Millôr
317. Sonhos de Bunker Hill – John Fante
318. Os deuses de Raquel – Moacyr Scliar
319. O colosso de Marússia – Henry Miller
320. As eruditas – Molière / trad. Millôr
321. Radicci 1 – Iotti
322. Os Sete contra Tebas – Ésquilo
323. Brasil Terra à vista – Eduardo Bueno
324. Radicci 2 – Iotti
325. Júlio César – William Shakespeare
326. A carta de Pero Vaz de Caminha
327. Cozinha Clássica – Silvio Lancellotti
328. Madame Bovary – Gustave Flaubert
329. Dicionário do viajante insólito – M. Sclíar
330. O capitão saiu para o almoço... – Bukowski
331. A carta roubada – Edgar Allan Poe
332. É tarde para saber – Josué Guimarães
333. O livro de bolso da Astrologia – Maggy Harrisonx e Mellina Li
334. 1933 foi um ano ruim – John Fante
335. 100 receitas de arroz – Aninha Comas
336. Guia prático do Português correto – vol. 1 – Cláudio Moreno
337. Bartleby, o escriturário – H. Melville
338. Enterrem meu coração na curva do rio – Dee Brown
339. Um conto de Natal – Charles Dickens
340. Cozinha sem segredos – J. A. P. Machado
341. A dama das Camélias – A. Dumas Filho
342. Alimentação saudável – H. e Â. Tonetto
343. Continhos galantes – Dalton Trevisan
344. A Divina Comédia – Dante Alighieri
345. A Dupla Sertanojo – Santiago
346. Cavalos do amanhecer – Mario Arregui
347. Biografia de Vincent van Gogh por sua cunhada – Jo van Gogh-Bonger
348. Radicci 3 – Iotti
349. Nada de novo no front – E. M. Remarque
350. A hora dos assassinos – Henry Miller
351. Flush - Memórias de um cão – Virginia Woolf
352. A guerra no Bom Fim – M. Scliar
353. (1). O caso Saint-Fiacre – Simenon
354. (2). Morte na alta sociedade – Simenon
355. (3). O cão amarelo – Simenon

356(4). Maigret e o homem do banco – Simenon
357. As uvas e o vento – Pablo Neruda
358. On the road – Jack Kerouac
359. O coração amarelo – Pablo Neruda
360. Livro das perguntas – Pablo Neruda
361. Noite de Reis – William Shakespeare
362. Manual de Ecologia – vol.1 – J. Lutzenberger
363. O mais longo dos dias – Cornelius Ryan
364. Foi bom pra você? – Nani
365. Crepusculário – Pablo Neruda
366. A comédia dos erros – Shakespeare
367(5). A primeira investigação de Maigret – Simenon
368(6). As férias de Maigret – Simenon
369. Mate-me por favor (vol.1) – L. McNeil
370. Mate-me por favor (vol.2) – L. McNeil
371. Carta ao pai – Kafka
372. Os vagabundos iluminados – J. Kerouac
373(7). O enforcado – Simenon
374(8). A fúria de Maigret – Simenon
375. Vargas, uma biografia política – H. Silva
376. Poesia reunida (vol.1) – A. R. de Sant'Anna
377. Poesia reunida (vol.2) – A. R. de Sant'Anna
378. Alice no país do espelho – Lewis Carroll
379. Residência na Terra 1 – Pablo Neruda
380. Residência na Terra 2 – Pablo Neruda
381. Terceira Residência – Pablo Neruda
382. O delírio amoroso – Bocage
383. Futebol ao sol e à sombra – E. Galeano
384(9). O porto das brumas – Simenon
385(10). Maigret e seu morto – Simenon
386. Radicci 4 – Iotti
387. Boas maneiras & sucesso nos negócios – Celia Ribeiro
388. Uma história Farroupilha – M. Scliar
389. Na mesa ninguém envelhece – J. A. P. Machado
390. 200 receitas inéditas do Anonymus Gourmet – J. A. Pinheiro Machado
391. Guia prático do Português correto – vol.2 – Cláudio Moreno
392. Breviário das terras do Brasil – Assis Brasil
393. Cantos Cerimoniais – Pablo Neruda
394. Jardim de Inverno – Pablo Neruda
395. Antonio e Cleópatra – William Shakespeare
396. Tróia – Cláudio Moreno
397. Meu tio matou um carro – Jorge Furtado
398. O anatomista – Federico Andahazi
399. As viagens de Gulliver – Jonathan Swift
400. Dom Quixote – v.1 – Miguel de Cervantes
401. Dom Quixote – v.2 – Miguel de Cervantes
402. Sozinho no Pólo Norte – Thomaz Brandolin
403. Matadouro 5 – Kurt Vonnegut
404. Delta de Vênus – Anaïs Nin
405. O melhor de Hagar 2 – Dik Browne
406. É grave Doutor? – Nani
407. Orai pornô – Nani
408(11). Maigret em Nova York – Simenon
409(12). O assassino sem rosto – Simenon
410(13). O mistério das jóias roubadas – Simenon
411. A irmãzinha – Raymond Chandler
412. Três contos – Gustave Flaubert
413. De ratos e homens – John Steinbeck
414. Lazarilho de Tormes – Anônimo do séc. XVI
415. Triângulo das águas – Caio Fernando Abreu
416. 100 receitas de carnes – Silvio Lancellotti
417. Histórias de robôs: vol.1 – org. Isaac Asimov
418. Histórias de robôs: vol.2 – org. Isaac Asimov
419. Histórias de robôs: vol.3 – org. Isaac Asimov
420. O país dos centauros – Tabajara Ruas
421. A república de Anita – Tabajara Ruas
422. A carga dos lanceiros – Tabajara Ruas
423. Um amigo de Kafka – Isaac Singer
424. As alegres matronas de Windsor – Shakespeare
425. Amor e exílio – Isaac Bashevis Singer
426. Use & abuse do seu signo – Marilia Fiorillo e Marylou Simonsen
427. Pigmaleão – Bernard Shaw
428. As fenícias – Eurípides
429. Everest – Thomaz Brandolin
430. A arte de furtar – Anônimo do séc. XVI
431. Billy Bud – Herman Melville
432. A rosa separada – Pablo Neruda
433. Elegia – Pablo Neruda
434. A garota de Cassidy – David Goodis
435. Como fazer a guerra: máximas de Napoleão – Balzac
436. Poemas escolhidos – Emily Dickinson
437. Gracias por el fuego – Mario Benedetti
438. O sofá – Crébillon Fils
439. O "Martín Fierro" – Jorge Luis Borges
440. Trabalhos de amor perdidos – W. Shakespeare
441. O melhor de Hagar 3 – Dik Browne
442. Os Maias (volume1) – Eça de Queiroz
443. Os Maias (volume2) – Eça de Queiroz
444. Anti-Justine – Restif de La Bretonne
445. Juventude – Joseph Conrad
446. Contos – Eça de Queiroz
447. Janela para a morte – Raymond Chandler
448. Um amor de Swann – Marcel Proust
449. À paz perpétua – Immanuel Kant
450. A conquista do México – Hernan Cortez
451. Defeitos escolhidos & 2000 – Pablo Neruda
452. O casamento do céu e do inferno – William Blake
453. A primeira viagem ao redor do mundo – Antonio Pigafetta
454(14). Uma sombra na janela – Simenon
455(15). A noite da encruzilhada – Simenon
456(16). A velha senhora – Simenon
457. Sartre – Annie Cohen-Solal
458. Discurso do método – René Descartes
459. Garfield em grande forma (1) – Jim Davis
460. Garfield está de dieta (2) – Jim Davis
461. O livro das feras – Patricia Highsmith
462. Viajante solitário – Jack Kerouac
463. Auto da barca do inferno – Gil Vicente
464. O livro vermelho dos pensamentos de Millôr – Millôr Fernandes
465. O livro dos abraços – Eduardo Galeano
466. Voltaremos! – José Antonio Pinheiro Machado
467. Rango – Edgar Vasques
468(8). Dieta mediterrânea – Dr. Fernando Lucchese e José Antonio Pinheiro Machado
469. Radicci 5 – Iotti
470. Pequenos pássaros – Anaïs Nin
471. Guia prático do Português correto – vol.3 – Cláudio Moreno

472. Atire no pianista – David Goodis
473. Antologia Poética – Garcia Lorca
474. Alexandre e César – Plutarco
475. Uma espiã na casa do amor – Anaïs Nin
476. A gorda do Tiki Bar – Dalton Trevisan
477. Garfield um gato de peso (3) – Jim Davis
478. Canibais – David Coimbra
479. A arte de escrever – Arthur Schopenhauer
480. Pinóquio – Carlo Collodi
481. Misto-quente – Charles Bukowski
482. A lua na sarjeta – David Goodis
483. O melhor do Recruta Zero (1) – Mort Walker
484. Aline 2 – Adão Iturrusgarai
485. Sermões do Padre Antonio Vieira
486. Garfield numa boa (4) – Jim Davis
487. Mensagem – Fernando Pessoa
488. Vendeta *seguido de* A paz conjugal – Balzac
489. Poemas de Alberto Caeiro – Fernando Pessoa
490. Ferragus – Honoré de Balzac
491. A duquesa de Langeais – Honoré de Balzac
492. A menina dos olhos de ouro – Honoré de Balzac
493. O lírio do vale – Honoré de Balzac
494. (17). A barcaça da morte – Simenon
495. (18). As testemunhas rebeldes – Simenon
496. (19). Um engano de Maigret – Simenon
497. (1). A noite das bruxas – Agatha Christie
498. (2). Um passe de mágica – Agatha Christie
499. (3). Nêmesis – Agatha Christie
500. Esboço para uma teoria das emoções – Sartre
501. Renda básica de cidadania – Eduardo Suplicy
502. (1). Pílulas para viver melhor – Dr. Lucchese
503. (2). Pílulas para prolongar a juventude – Dr. Lucchese
504. (3). Desembarcando o Diabetes – Dr. Lucchese
505. (4). Desembarcando o Sedentarismo – Dr. Fernando Lucchese e Cláudio Castro
506. (5). Desembarcando a Hipertensão – Dr. Lucchese
507. (6). Desembarcando o Colesterol – Dr. Fernando Lucchese e Fernanda Lucchese
508. Estudos de mulher – Balzac
509. O terceiro tira – Flann O'Brien
510. 100 receitas de aves e ovos – J. A. P. Machado
511. Garfield em toneladas de diversão (5) – Jim Davis
512. Trem-bala – Martha Medeiros
513. Os cães ladram – Truman Capote
514. O Kama Sutra de Vatsyayana
515. O crime do Padre Amaro – Eça de Queiroz
516. Odes de Ricardo Reis – Fernando Pessoa
517. O inverno da nossa desesperança – Steinbeck
518. Piratas do Tietê (1) – Laerte
519. Rê Bordosa: do começo ao fim – Angeli
520. O Harlem é escuro – Chester Himes
521. Café-da-manhã dos campeões – Kurt Vonnegut
522. Eugénie Grandet – Balzac
523. O último magnata – F. Scott Fitzgerald
524. Carol – Patricia Highsmith
525. 100 receitas de patisseria – Silvio Lancellotti
526. O fator humano – Graham Greene
527. Tristessa – Jack Kerouac
528. O diamante do tamanho do Ritz – S. Fitzgerald
529. As melhores histórias de Sherlock Holmes – Arthur Conan Doyle
530. Cartas a um jovem poeta – Rilke
531. (20). Memórias de Maigret – Simenon
532. (4) O misterioso sr. Quin – Agatha Christie
533. Os analectos – Confúcio
534. (21). Maigret e os homens de bem – Simenon
535. (22) O medo de Maigret – Simenon
536. Ascensão e queda de César Birotteau – Balzac
537. Sexta-feira negra – David Goodis
538. Ora bolas – O humor de Mario Quintana – Juarez Fonseca
539. Longe daqui aqui mesmo – Antonio Bivar
540. (5). É fácil matar – Agatha Christie
541. O pai Goriot – Balzac
542. Brasil, um país do futuro – Stefan Zweig
543. O processo – Kafka
544. O melhor de Hagar 4 – Dik Browne
545. (6). Por que não pediram a Evans? – Agatha Christie
546. Fanny Hill – John Cleland
547. O gato por dentro – William S. Burroughs
548. Sobre a brevidade da vida – Sêneca
549. Geraldão (1) – Glauco
550. Piratas do Tietê (2) – Laerte
551. Pagando o pato – Ciça
552. Garfield de bom humor (6) – Jim Davis
553. Conhece o Mário? – Santiago
554. Radicci 6 – Iotti
555. Os subterrâneos – Jack Kerouac
556. (1). Balzac – François Taillandier
557. (2). Modigliani – Christian Parisot
558. (3). Kafka – Gérard-Georges Lemaire
559. (4). Júlio César – Joël Schmidt
560. Receitas da família – J. A. Pinheiro Machado
561. Boas maneiras à mesa – Celia Ribeiro
562. (9). Filhos sadios, pais felizes – R. Pagnoncelli
563. (10). Fatos & mitos – Dr. Fernando Lucchese
564. Ménage à trois – Paula Taitelbaum
565. Mulheres! – David Coimbra
566. Poemas de Álvaro de Campos – Fernando Pessoa
567. Medo e outras histórias – Stefan Zweig
568. Snoopy e sua turma (1) – Schulz
569. Piadas para sempre (1) – Visconde da Casa Verde
570. O alvo móvel – Ross Macdonald
571. O melhor do Recruta Zero (2) – Mort Walker
572. Um sonho americano – Norman Mailer
573. Os broncos também amam – Angeli
574. Crônica de um amor louco – Bukowski
575. Freud – René Major e Chantal Talagrand
576. (6) Picasso – Gilles Plazy
577. (7). Gandhi – Christine Jordis
578. A tumba – H. P. Lovecraft
579. O príncipe e o mendigo – Mark Twain
580. Garfield, um charme de gato (7) – Jim Davis
581. Ilusões perdidas – Balzac
582. Esplendores e misérias das cortesãs – Balzac
583. Walter Ego – Angeli
584. Striptiras (1) – Laerte
585. Fagundes: um puxa-saco de mão cheia – Laerte
586. Depois do último trem – Josué Guimarães
587. Ricardo III – Shakespeare
588. Dona Anja – Josué Guimarães
589. 24 horas na vida de uma mulher – Stefan Zweig
590. O terceiro homem – Graham Greene
591. Mulher no escuro – Dashiell Hammett
592. No que acredito – Bertrand Russell

593. **Odisséia (1): Telemaquia** – Homero
594. **O cavalo cego** – Josué Guimarães
595. **Henrique V** – Shakespeare
596. **Fabulário geral do delírio cotidiano** – Bukowski
597. **Tiros na noite 1: A mulher do bandido** – Dashiell Hammett
598. **Snoopy em Feliz Dia dos Namorados! (2)** – Schulz
599. **Mas não se matam cavalos?** – Horace McCoy
600. **Crime e castigo** – Dostoiévski
601(7). **Mistério no Caribe** – Agatha Christie
602. **Odisséia (2): Regresso** – Homero
603. **Piadas para sempre (2)** – Visconde da Casa Verde
604. **À sombra do vulcão** – Malcolm Lowry
605(8). **Kerouac** – Yves Buin
606. **E agora são cinzas** – Angeli
607. **As mil e uma noites** – Paulo Caruso
608. **Um assassino entre nós** – Ruth Rendell
609. **Crack-up** – F. Scott Fitzgerald
610. **Do amor** – Stendhal
611. **Cartas do Yage** – William Burroughs e Allen Ginsberg
612. **Striptiras (2)** – Laerte
613. **Henry & June** – Anaïs Nin
614. **A piscina mortal** – Ross Macdonald
615. **Geraldão (2)** – Glauco
616. **Tempo de delicadeza** – A. R. de Sant'Anna
617. **Tiros na noite 2: Medo de tiro** – Dashiell Hammett
618. **Snoopy em Assim é a vida, Charlie Brown! (3)** – Schulz
619. **1954 – Um tiro no coração** – Hélio Silva
620. **Sobre a inspiração poética (Íon) e ...** – Platão
621. **Garfield e seus amigos (8)** – Jim Davis
622. **Odisséia (3): Ítaca** – Homero
623. **A louca matança** – Chester Himes
624. **Factótum** – Charles Bukowski
625. **Guerra e Paz: volume 1** – Tolstói
626. **Guerra e Paz: volume 2** – Tolstói
627. **Guerra e Paz: volume 3** – Tolstói
628. **Guerra e Paz: volume 4** – Tolstói
629(9). **Shakespeare** – Claude Mourthé
630. **Bem está o que bem acaba** – Shakespeare
631. **O contrato social** – Rousseau
632. **Geração Beat** – Jack Kerouac
633. **Snoopy: É Natal! (4)** – Charles Schulz
634(8). **Testemunha da acusação** – Agatha Christie
635. **Um elefante no caos** – Millôr Fernandes
636. **Guia de leitura (100 autores que você precisa ler)** – Organização de Léa Masina
637. **Pistoleiros também mandam flores** – David Coimbra
638. **O prazer das palavras – vol. 1** – Cláudio Moreno
639. **O prazer das palavras – vol. 2** – Cláudio Moreno
640. **Novíssimo testamento: com Deus e o diabo, a dupla da criação** – Iotti
641. **Literatura Brasileira: modos de usar** – Luís Augusto Fischer
642. **Dicionário de Porto-Alegrês** – Luís A. Fischer
643. **Clô Dias & Noites** – Sérgio Jockymann
644. **Memorial de Isla Negra** – Pablo Neruda
645. **Um homem extraordinário e outras histórias** – Tchekhov
646. **Ana sem terra** – Alcy Cheuiche
647. **Adultérios** – Woody Allen
648. **Para sempre ou nunca mais** – R. Chandler
649. **Nosso homem em Havana** – Graham Greene
650. **Dicionário Caldas Aulete de Bolso**
651. **Snoopy: Posso fazer uma pergunta, professora? (5)** – Charles Schulz
652(10). **Luís XVI** – Bernard Vincent
653. **O mercador de Veneza** – Shakespeare
654. **Cancioneiro** – Fernando Pessoa
655. **Non-Stop** – Martha Medeiros
656. **Carpinteiros, levantem bem alto a cumeeira & Seymour, uma apresentação** – J.D.Salinger
657. **Ensaios céticos** – Bertrand Russell
658. **O melhor de Hagar 5** – Dik Browne
659. **Primeiro amor** – Ivan Turguêniev
660. **A trégua** – Mario Benedetti
661. **Um parque de diversões da cabeça** – Lawrence Ferlinghetti
662. **Aprendendo a viver** – Sêneca
663. **Garfield, um gato em apuros (9)** – Jim Davis
664. **Dilbert 1** – Scott Adams
665. **Dicionário de dificuldades** – Domingos Paschoal Cegalla
666. **A imaginação** – Jean-Paul Sartre
667. **O ladrão e os cães** – Naguib Mahfuz
668. **Gramática do português contemporâneo** – Celso Cunha
669. **A volta do parafuso** *seguido de* **Daisy Miller** – Henry James
670. **Notas do subsolo** – Dostoiévski
671. **Abobrinhas da Brasilônia** – Glauco
672. **Geraldão (3)** – Glauco
673. **Piadas para sempre (3)** – Visconde da Casa Verde
674. **Duas viagens ao Brasil** – Hans Staden
675. **Bandeira de bolso** – Manuel Bandeira
676. **A arte da guerra** – Maquiavel
677. **Além do bem e do mal** – Nietzsche
678. **O coronel Chabert** *seguido de* **A mulher abandonada** – Balzac
679. **O sorriso de marfim** – Ross Macdonald
680. **100 receitas de pescados** – Silvio Lancellotti
681. **O juiz e o seu carrasco** – Friedrich Dürrenmatt
682. **Noites brancas** – Dostoiévski
683. **Quadras ao gosto popular** – Fernando Pessoa
684. **Romanceiro da Inconfidência** – Cecília Meireles
685. **Kaos** – Millôr Fernandes
686. **A pele de onagro** – Balzac
687. **As ligações perigosas** – Choderlos de Laclos
688. **Dicionário de matemática** – Luiz Fernandes Cardoso
689. **Os Lusíadas** – Luís Vaz de Camões
690(11). **Átila** – Éric Deschodt
691. **Um jeito tranqüilo de matar** – Chester Himes
692. **A felicidade conjugal** *seguido de* **O diabo** – Tolstói
693. **Viagem de um naturalista ao redor do mundo – vol. 1** – Charles Darwin
694. **Viagem de um naturalista ao redor do mundo – vol. 2** – Charles Darwin
695. **Memórias da casa dos mortos** – Dostoiévski
696. **A Celestina** – Fernando Rojas
697. **Snoopy (6)** – Charles Schulz
698. **Dez (quase) amores** – Claudia Tajes
699. **Poirot sempre espera** – Agatha Christie
700. **Cecília de bolso** – Cecília Meireles